Zum Titelbild:
Die Darstellung zeigt, wie sich eine aufsteigende, zunächst das
Ganze des Kreises destruktiv spaltende Kraft allmählich nach
unten zurückzieht und zuletzt dieses Ganze fein ausbalancierend
auf seiner Spitze trägt. Auch die menschlichen Emotionen und
Willensimpulse, die zur Zeit ohne klaren Gedanken überall
spaltend und zerstörend in die Welt hereinwirken, müssen sich
in der Zukunft so verwandeln, dass sie vom Ganzen inspiriert
sind, und so das Ganze auch tragen können.

Die verschiedenen Sichtweisen
auf die Situation in der Ukraine

Corona und der Krieg in der Ukraine haben eines gemeinsam, und das ist: Beide treiben den Menschen in eine Situation, in der ihm die Fähigkeit die andere Seite geistig zu verstehen und wahrzunehmen, was diese braucht, um wieder „zu sich" zu kommen, verloren geht. Im gleichen Maße als uns aber diese grundlegende Fähigkeit des sich Hineinversetzens in unsere Mitmenschen, also der Empathie, verloren geht, droht auch der Verlust unserer eigenen Möglichkeit „zu uns" zu kommen. Denn wo immer der Mensch die Fähigkeit verliert, sich in den anderen Menschen empathisch hineinzuversetzen, da verliert er sich selbst und es kommt zu Spaltungen und Kriegen. Es entsteht ein verhängnisvoller Teufelskreis des „Außer Sich Geratens" des Menschen, der – wie die Geschichte der Menschheit gezeigt hat – immer wieder fatale Konsequenzen nach sich zieht.

Was also ist geschehen, und wie kommen wir endlich soweit wieder „zu uns", dass wir aus diesem verhängnisvollen Teufelskreis, der die Menschen immer wieder und wieder in Kriege und unendliche Zerstörung hineintreibt, aussteigen können?

Putin und seine Truppen sind gerade dabei mit militärischer Gewalt einen souveränen Nachbarstaat anzugreifen. Dabei werfen sie seiner Regierung vor, dass sie sich zu einer Marionettenregierung für westliche Expansionstendenzen gegen Russland instrumentalisieren ließe. Gleichzeitig wiese diese Regierung nationalistisch-faschistische Bestrebung auf, die unbequemen russischen Minderheiten im Osten des Landes, die sich einer Annäherung an den Westen widersetzen und lieber die Verbindung mit Russland pflegen möchten, zu benachteiligen und auch militärisch zu drangsalieren. Ja Putin spricht sogar davon, dass gegen diese Menschen russischer Nationalität im Osten der Ukraine von Seiten der ukrainischen Armee ein Völkermord drohe bzw. bereits im Gang sei. Wie kommt Putin dazu so etwas zu sagen?

Der von den westlichen Medien weitgehend verschwiegene Flammentod von ca. 40 russischen Demonstranten im Jahre 2014 in Odessa (in manchen Berichten ist auch von annähernd 200 Opfern die Rede), die unter den Molotowcocktails ukrainischer Nationalisten den Tod fanden, weil sie sich gegen die ukrainisch-nationalistischen, sie diskriminierenden Tendenzen in der neuen Regierung in Kiew gewendet hatten, wurde für das russische Ehrgefühl zum Meilenstein einer bedrohlichen Entwicklung (Anmerkung 1). Die derzeitige Unterdrückung der autonomen Provinzen, welche die Regierung in Kiew entgegen der Vereinbarung von Minsk noch immer vornimmt (Anmerkung 2), wie auch die immer weiter nach Osten greifende Erweiterung der Nato stellen für die russische Bevölkerung deshalb nicht ganz unbegründet ein gewisses historisches Déjà-vu-Erlebnis dar, welches sie nicht mehr hinzunehmen bereit ist. Der Krieg verfolge deshalb das Anliegen, eine Entwicklung rechtzeitig - bevor es zu spät sei - zu beenden, die im Erleben der Russen zum Ziel habe, Russland und seine Bevölkerung immer mehr in die Enge zu treiben und zuletzt gar in seiner Identität auszulöschen. Russland habe schließlich in seiner Geschichte oft genug erlebt, welche unsägliche Zerstörung und Vernichtungskräfte es erleiden musste, wenn es dem Versuchen westlicher Nationen nach Osten zu expandieren und dabei Russland zu besetzen, nicht rechtzeitig Einhalt gebot. Sowohl der Einmarsch napoleonischer Truppen in Russland als auch der Russlandfeldzug Hitlers hatten in Russland ja riesige Verwüstung hinterlassen und – gerade der zweite Weltkrieg – einen riesigen Blutzoll auch an der Zivilbevölkerung von Russland gefordert, da die Nazis ganze Städte und die darin wohnenden Zivilisten umzingelten und in die Vernichtung trieben. Dieser Blutzoll Russlands überstieg bei weitem die Zahl der Opfer aller anderen kriegsbeteiligten Nationen.

Russland reagiert mit seinem Truppenvorstoß in die Ukraine also aus seinen historischen Erfahrungen und Traumen heraus auf die von ihm als aggressiv und bedrohlich erlebten Expansionsbestrebungen eines von sich und seinem Gesellschaftsmodell überzeugten Westens, der offensichtlich – wie es am Beispiel der Ereignisse von Odessa sichtbar wird - den Tod russischer Bürger durch einen ukrainischen Mob in Kauf nimmt und bis heute nicht bereit ist, diese Ereignisse geschichtlich aufzuarbeiten.

Dabei fällt Russlands Reaktion nun in einer aggressiven und viele Menschenleben fordernden Weise aus, die verständlicherweise bei den wenigsten Nationen in der Welt auf Verständnis stößt und auch wegen der militärischen Gewalt und der sich daraus ergebenden Gefahr einer immer weiteren Eskalation nicht zielführend sein kann. Denn - wie wir aus der Psychotraumatologie heraus wissen - besteht immer die Gefahr, dass der Mensch, der aus einem schweren Trauma heraus agiert, blind um sich schlägt, weil er keinen Weg mehr für sich findet, das für ihn Bedrohliche auf andere Weise zu lösen, und dass er damit noch zur weiteren Zuspitzung des Konfliktes beiträgt.

Soweit also die eine Seite. Und die andere Seite, wie blickt sie auf die Ereignisse? Die Ukraine und all die anderen Nationen, die in den letzten Jahren der Nato beigetreten sind, hätten ein legitimes Recht darauf, sich selber zu bestimmen und damit auch die Zugehörigkeit zu welchem militärischen, politischen, wirtschaftlichen Bündnis auch immer selbst zu wählen. Denn schließlich ginge es ja um die Verbreitung der Demokratie. Und man könne es einem Land ja nicht verübeln, wenn es sich eben dafür entscheidet sich der westlichen demokratischen Welt anzuschließen und sich vom antidemokratischen, reaktionären Russland endgültig abzuwenden, so die westliche Sicht auf die Dinge. Russlands Angst vor der Expansion der westlichen Welt einschließlich der Nato in Richtung Osten sei deshalb nichts anderes als die Angst eines totalitären Systems, welches sich durch das Heranrücken demokratischer, freiheitlicher Gesellschaften, in seinem reaktionären Geist bedroht fühlt. Schließlich würde es ja damit Gefahr laufen, dass zuletzt auch seine eigene Bevölkerung überlaufen könne zu diesen demokratischen Ländern, und dass damit der alte russische reaktionäre Bär ein für alle mal abdanken müsse. Aber gerade, weil es ja letztlich um die Expansion einer freiheitlich demokratischen Welt ginge, also letztlich darum, die Menschen von Fremdbestimmung und totalitären Strukturen, wie sie in Russland aber auch in China noch dominierten, zu befreien und die segensreichen modernen und demokratischen, den Menschen Freiheit bringenden westlichen Gesellschaftsmodelle zu etablieren, deshalb seien die Bedenken Russlands nur ein letztes Aufbäumen dieser überkommenen reaktionären Systeme, die es ohnehin zu überwinden gilt (Anmerkung 3).

Der Ruf nach mehr Mut und Einsatz und auch militärischer Unterstützung des Westens inklusive Deutschlands im Kampf gegen den reaktionären russischen Bär, der sich hier völlig illegitim an seinen Nachbarn vergreift, wie er derzeit immer lauter von Seiten der westlichen Medien zu hören ist und die Politik regelrecht dazu drängt, endlich auch militärisch zu handeln, scheint die logische Konsequenz dieser Sichtweise zu sein.

Aber ist es auch die richtige Konsequenz, die hier gezogen wird, oder aber wird nicht jene Haltung, die Härte mit noch mehr Härte begegnen will, statt Härte durch Verstehen aufzuweichen, die begonnene Eskalationsspirale noch weiter in den Abgrund treiben, wie es z.B. die deutsche Politikerin Sarah Wagenknecht fürchtet (Anmerkung 4)?

Lässt sich ein Konflikt durch Verhärtung lösen?

Kann ein Konflikt jemals gelöst werden, solange der Mensch die Schuld beim anderen sucht, statt sich zu fragen, an welcher Schwäche jener leidet und wie jene Schwäche berücksichtigt werden und zugleich ein Weg gefunden werden kann, jene Schwäche zu überwinden? Wäre es nicht konstruktiver, verantwortungsvoller und damit zielführender für den Menschen, sich selber zu fragen durch welches Verstehen er dazu beitragen kann den Konflikt zu überwinden, statt vom anderen die Lösung des Konfliktes zu erwarten? Wird ein Mensch jemals die eigene Schuld erkennen und durch konstruktive Schritte überwinden können, wenn man ihn gewaltsam zum Schuldeingeständnis zu zwingen versucht ohne dabei die eigene Schuld, den eigenen Fehler in den Blick genommen zu haben?

Zeigt nicht die Geschichte, dass jeder Versuch den anderen mit Macht zu Schuldeingeständnissen zu zwingen immer zum Krieg führt, und dass nach erfolgter Niederlage der derart Erniedrigte entweder in ewiger Knechtschaft daniederliegt und damit durch den ewigen Opferstatus andere dazu verführt an ihm zum Täter zu werden, oder aber über kurz oder lang sich wieder erhebt um sich für die erlittene Schmach zu rächen? Und wird nicht auf beide Weisen immer neue Schuld und immer neues Leid in der Welt geschaffen?

Führt also nicht die Schuldfrage und damit die Frage, wer *recht hat*, stets immer weiter zur Verhärtung, zu gegenseitigen Schuldzuweisungen und damit zuletzt immer wieder zum Krieg? Und hat nicht die Historie uns gezeigt, dass die Zeiten, in denen Krieg und Gewalt als probate Mittel zur

Durchsetzung eigener Interessen galten, ein für alle Male vorbei sein müssten, da in Kriegen, wie sie heute von der Menschheit gefochten werden können, zuletzt immer alle die Verlierer sein müssen?

Hilft uns aber diese Erkenntnis, dass wir keinen Krieg mehr wollen, ja dass es „unsere verdammte Pflicht ist eine kriegerische Eskalation in Europa zu verhindern" – wie es unser Bundeskanzler Olaf Scholz neulich sagte – wirklich schon weiter, wenn wir darob doch an unserer eigenen festgefahrenen Postion festhalten? Müssen wir nicht vielmehr die andere Seite erst einmal wirklich verstehen um dieser Pflicht überhaupt erst gerecht werden zu können? Werden wir dadurch tatsächlich das Problem lösen, dass wir jetzt mit dem Finger auf den *„bösen Putin"* zeigen und ihm vorhalten, er würde auf das alte Prinzip der Macht und Gewalt als politisches Mittel zurückgreifen und damit die Gesellschaftsordnung zerstören, wie sie nach 1945 in der Welt entstanden ist? Müssen wir nicht vielmehr zuerst einmal darauf schauen, wo wir selber das Prinzip der Macht und Gewalt walten lassen? Und werden wir ihn mit Sanktionen und Härte und immer noch mehr Härte bis hin zur kriegerischen Gewalt tatsächlich *„zur Einsicht"* bringen, wenn wir nicht zugleich selber beginnen *auch seine Perspektive wirklich einzusehen?* Müssen wir nicht vielmehr fragen, woher dieser Krieg eigentlich stammt, was also seine eigentlichen Ursachen sind, und wie wir ihn wirklich verhindern bzw. beenden können?

Was ist überhaupt Macht, Gewalt und Krieg?

Macht bedeutet eine Fähigkeit zu haben einem anderen Menschen den eigenen Willen aufzuzwingen. Gewalt bedeutet dabei dies so zu tun, dass der Wille des anderen - mit welchen Mitteln auch immer - gebrochen wird. Krieg ist dabei derjenige Schritt, bei dem zum Brechen des Willens des anderen Menschen militärische Mittel eingesetzt werden.

So beginnt der Krieg schon lange bevor er bis zum militärischen Konflikt eskaliert mit der Gewalt, und die Gewalt findet ihre Ursache im Prinzip der Macht. Sowohl Macht, als auch Gewalt, als auch Krieg können mehr auf einer materiellen Ebene ausgeübt werden oder eben mehr auf einer psychologischen Ebene.

Der Mensch kann Macht über einen anderen Menschen ausüben, wenn er dem anderen durch physische Kraft überlegen ist. Das Prinzip der Macht lässt sich also aufrecht erhalten durch die Androhung materieller Gewalt oder die Androhung von Krieg.

Ebenso jedoch können die Prinzipien von Macht, Gewalt und Krieg auf einer subtileren psychologischen Ebene angewendet werden, wo sie in der Regel nicht so leicht sichtbar sind und deshalb auch nur schwer erkannt werden können.

Vom Standpunkt der Moralität aus betrachtet lebt in unserer materialistischen Welt die Vorstellung, Macht, Gewalt und Krieg seien vor allem dann moralisch verwerflich, wenn sie sich materiell manifestieren. Von einer mehr übergeordneten Sichtweise, die die seelisch-geistige Dimension des Menschen und damit auch die psychologische Ebene einbezieht, stellt sich dies anders dar, zeigt sich doch hier, dass die Ursache jeder materiellen Gewalt immer in einer vorausgegangenen subtileren, versteckteren aber letztlich nicht minder aggressiven psychologischen Gewalt zu finden ist. Wie aber sieht eine solche geistig-seelische Gewalt aus?

Das Prinzip der verdeckten Gewalt

Nehmen wir - um dieses Prinzip besser zu verstehen - einmal einen Kommentar des US amerikanischen Politikberaters George Friedman, der seit Jahren mit seinem Beratungsinstitut „Stratfor" u.a. die US-amerikanische Außenpolitik berät (Anmerkung 5). Dieser sagt in einer Rede 2015, in der er anlässlich der Ukraine-Krise die Prinzipien der US amerikanischen Außenpolitik beschreibt :   *„Also Imperien, welche versuchen direkt in okkupierten Gebieten zu regieren, solche Imperien scheitern, wie es mit dem Nazi Imperium der Fall war. Weil, niemand hat so viel Macht um direkt zu regieren. Da muss man schon klüger vorgehen.......Also, wir sind nicht in der Lage, überall militärisch zu intervenieren, aber wir sind in der Lage in erster Linie die gegen einander kämpfenden Mächte zu unterstützen damit sie ihre Aufmerksamkeit aufeinander lenken. Die USA können nicht ständig überall in Eurasien militärisch intervenieren. Man muss selektiv intervenieren und möglichst selten. Die Briten damals haben Indien nicht besetzt, sie haben einfach die einzelnen Staaten Indiens genommen und ließen sie gegen einander kämpfen. "*

Friedman beschreibt mit dieser Aussage ein Prinzip der US-Amerikanischen Außenpolitik, welches nicht so dumm sei, wie die Nazis, selber Kriege zu führen, bzw. fremde Gebiete, die man dominieren möchte, zu besetzen, sondern welches eine viel bessere Strategie verfolge, und diese sei das römische Prinzip des „Divide et Impera" (Anmerkung 6).

Bei diesem Prinzip würde man eben die entsprechende Region, die man dominieren oder zerstören möchte, dadurch destabilisieren, dass man „ihre Aufmerksamkeit so aufeinander lenkt" dass jene Region sich in sich spaltet und damit beginnt sich in gegenseitigen Kämpfen selbst zu schwächen.

Der Krieg wird bei diesem Prinzip also nicht direkt materiell von dem ausgeführt, welcher ihn will, sondern von dem, der sich durch entsprechende Lenkung und Beeinflussung dazu bringen lässt, sich gewissermaßen in sich selbst zu spalten, und der infolge dessen den Krieg gegen seinen Nächsten führt und sich damit selber zerstört. Während die Nazis dieses Prinzip der psychologischen Kriegsführung offensichtlich nicht ausreichend durchschauten, sei es - nimmt man Friedmans Ausführungen ernst - Amerikas Aufgabe dieses Prinzip zu verstehen und zu beherrschen.

Friedman beschreibt damit das Prinzip einer psychologischen Kriegsführung, welches viel wirksamer und damit auch klüger sei als das Prinzip des offenen Krieges. Durch gezielte Fehlinformationen wird dabei der Gegner so beeinflusst, dass er sich zuletzt selbst bekämpft und bekriegt. Der eigentliche Kriegstreiber bleibt damit unentdeckt, die eigentliche Macht und Gewalt kann im Verborgenen agieren, da der Krieg ja von denen angezettelt wird, die man durch Manipulationen dahin gebracht hat. Indirekt gibt Friedman dadurch zu erkennen, dass er es als ein Ziel US-Amerikanischer Außenpolitik ansieht, klüger und damit auch mächtiger und zugleich weniger angreifbar zu sein als andere Nationen, die eine Vormachtstellung in der Welt anstrebten oder noch anstreben, wie z.B. damals Nazideutschland.

Die Frage danach, wer nun also eigentlich die moralische Verantwortung für einen Krieg trägt und damit die Kriegsschuldfrage, wird üblicherweise so beantwortet, dass demjenigen die Schuld zugesprochen wird, der auch die erste äußere Kriegshandlung vollzogen hat. Entsprechend werden Nationen, die Kriege führen, immer bemüht sein, den Gegner dazu zu bringen die erste äußerlich sichtbare Kriegshandlung zu vollziehen, oder ihm dies zu unterstellen.

Vor dem Hintergrund der von Friedman beschriebenen Prinzipien amerikanischer Außenpolitik aber bekommt diese Frage eine vollkommen neue Brisanz: Denn das Prinzip der psychologischen Kriegsführung, der bewussten Beeinflussung und Spaltung des Gegners oder auch der gezielten anhaltenden Provokation und Erniedrigung desselben mit dem Ziel, ihn dadurch zu einer kriegerischen Handlung hin zu manipulieren, erscheint innerhalb dieser Denk- und Erlebensweise als probates Mittel die Schuld von sich selber zu weisen und auf die andere Seite zu projizieren. Dieses Prinzip die Schuld dorthin zu verschieben, wo eigentlich das Opfer ist, also das Prinzip der Täter-Opfer-Umkehr, ist ein Prinzip, welches gerade in der jüngsten Vergangenheit sehr häufig in der Welt zu finden ist.

Der Geist- und Seelenforscher Heinz Grill beschreibt dieses Prinzip recht eindrücklich mit dem Bild einer geistigen Suggestionsgestalt, die auf un- oder halbbewusste Weise im Menschen wirksam wird und das Ziel verfolge, den Menschen so weit suggestiv zu beeinflussen und unter Druck zu setzen, dass dieser dadurch zuletzt selber zum Täter wird.

Diese Suggestionsgestalt aber ist gerade in der Gegenwart in höchstem Maße überall in der Welt tätig (Anmerkung 7). Sie zu erkennen und sich von ihr nicht bestimmen zu lassen, ist deshalb für den gegenwärtigen Menschen essentiell.

Ist es also richtig, die Frage nach der Schuld und damit die nach der moralischen Verantwortung dorthin zu projizieren, wo die äußeren Kriegshandlungen beginnen (Anmerkung 8)?

Wer trägt tatsächlich eine größere Verantwortung und Schuld für einen Krieg; derjenige, der ihn mit grober Gewalt losschlägt, oder derjenige, der – nach den Worten Friedmans - *klüger ist als die Nazis,* indem er den Gegner durch verschiedenste psychologische Methoden wie z.B. die der Verleumdung, Provokation auf der einen Seite und Manipulation und Beeinflussung auf der anderen Seite dazu bringt, dass dieser in sich gespalten wird, und dass zuletzt der Manipulierte gegen den Verleumdeten und der Verleumdete gegen den Manipulierten zu kämpfen beginnt, und derjenige, der den Krieg eigentlich gewollt hat, mit reiner Weste dasteht und zuletzt als Sieger hervorgeht? Ist derjenige der Schuldige, der einen anderen Menschen durch Verleumdung in die Enge treibt, der ihm durch Manipulation und Beeinflussung seine Verbündeten und Freunde abtrünnig macht und ihn dadurch zuletzt dazu bringt, wild um sich zu schlagen? Oder ist es derjenige, der zuerst zu schlagen anfängt? Wer also ist vor dem Hintergrund des von Friedman vorgebrachten Nazivergleiches der moralisch verwerflichere? Derjenige, der wie die Nazis den Gegner mit Krieg übersät, oder derjenige, der andere Völker mit dem Ziel, sie in ihrem eigentlichen Wollen auszulöschen, mit manipulativen Methoden dazu bringt, dass sie sich in Kriege verstricken?

Die Frage nach der Amoralität
offener und verdeckter Gewalt

Je mehr man sich dieser Frage tatsächlich nähert, desto mehr wird man realisieren, dass diese Frage letztlich nicht beantwortbar ist. Ebensowenig wie man sagen kann, der Täter ist derjenige, der mit Manipulationen andere dazu bringt physische Gewalt auszuüben um sie dadurch zu zerstören, kann das Gegenteil behauptet werden, und nur derjenige als Täter angesehen werden, der die Gewalt von der subtileren auf die materielle Ebene herunterträgt. Schließlich ist jeder Mensch für seine Taten voll verantwortlich und von daher auch dafür, ob er sich durch Manipulationen und erlittene Erniedrigungen beeinflussen lässt oder nicht. In jedem Fall aber scheint das subtile Prinzip der psychologischen Kriegsführung das gefährlichere Prinzip zu sein, weil es bislang kaum ausreichend im Bewusstsein der Menschen ist.

Je tiefer wir dabei der Frage nachgehen, woher dieses Prinzip eigentlich stammt, desto mehr werden wir letztlich auf die Seele jedes einzelnen Menschen verwiesen: Denn wenn wir uns zu etwas hinmanipulieren lassen, was uns eigentlich wesensfremd ist, und wir uns hernach als Opfer bezeichnen, übersehen wir ebenso, wie wenn wir uns dazu hinreißen lassen andere Menschen zu manipulieren, einen wesentlichen Teil, nämlich diejenige Kraft in uns, die uns stets zum Täter machen will.

Woraus aber besteht diese Kraft in uns? Nun, sie besteht aus demjenigen Motiv, welches uns mehr oder minder bewusst einen Vorteil verspricht, wenn wir nur der manipulativen Aufforderung folgen oder eben auch andere manipulieren.

Manipuliert werden und *manipulieren* können wir also nur solange, als wir noch eine *Bindung* an die Welt haben, also solange wir noch etwas von der Welt erhoffen, erwarten, etwas von ihr wollen, uns von ihr einen Vorteil erhoffen. (Genauso gut könnte man auch sagen, solange wir noch Angst haben, einen Nachteil erleiden zu müssen.) So können wir das Begehren nach etwas, das „Haben Wollen", wie es Erich Fromm benennt, letztlich als die Quelle des *Urtäters* in uns erkennen. Denn nur dadurch, dass wir etwas von der Welt erwarten oder erhoffen statt uns dafür einzusetzen, dass es dort entsteht, nur dadurch, dass der Mensch gewohnheitsmäßig im *Haben* ansetzt, in der Bequemlichkeit und damit sein eigentliches Potential des schöpferischen Seins nicht zum Ausdruck bringt, ist er gewissermaßen bestechlich und manipulierbar und wird dadurch auch dazu neigen andere zu manipulieren. Und durch diese Bestechlichkeit und Manipulierbarkeit macht der Mensch sich letztlich immer zum Mittäter. Erst wenn wir die Sache so anschauen, erkennen wir, dass jeder von uns – egal ob er Täter oder Opfer zu sein glaubt - letztlich immer Opfer seiner eigenen auf das Haben fixierten Bedürftigkeit ist und dass es jene Bedürftigkeit – und der Mangel an Willen jene zu überwinden und zum Sein zu verwandeln – ist, die uns letztlich immer zum Täter macht.

Der Verzicht auf das Verurteilen

Gerade deshalb soll es dem Menschen fern liegen andere Menschen zu verurteilen. Könnten und müssten wir doch wissen, dass die Schuld, die wir dem anderen vorwerfen, immer auch zu einem wesentlichen Teil die unsre ist, solange wir in der Falle des Haben-Modus stecken, und dass dieser Teil nur durch unsere volle wirkliche Verantwortungsübernahme überwunden werden kann. Wo wir aber nicht verurteilen, da kann die andere Seite ihre eigene Schuld am besten anschauen und sie durch geistige Verantwortungsübernahmen überwinden. So müssen wir dort, wo wir nicht verurteilen auch nicht verzeihen, sondern können einfach ruhig anschauen und zu verstehen suchen. Weder verurteilen noch verzeihen wollen wir, denn darum geht es letztlich nicht. Vielmehr geht es darum zu verstehen und aus diesem Verstehen heraus Ideen zu entwickeln, wie das was an Negativem da ist, zu etwas Positivem verwandelt werden kann. Verstehen wollen wir einerseits die Schwächen von uns selbst und die anderer Menschen. Verstehen wollen wir sie deshalb, weil wir nur dadurch den Gedanken entwickeln können, was es braucht um jene Schwächen zu überwinden. Schwächen verstehen und berücksichtigen, aber nicht dabei stehen bleiben und uns mit ihnen herausreden wollen wir, sondern zugleich an jenen Schwächen die Ideen für dasjenige entwickeln, was aus diesen Schwächen herausführen kann, das ist eigentlich unser Ziel als Mensch auf Erden. Aus den Schwächen also wollen wir neue Ideen, neue Visionen entwickeln für das, was es in der Zukunft braucht, um aus jenen Schwächen heraus zu neuen Kräften und neuen Zielen kommen zu können. Dadurch alleine kommen wir vom „Haben" zum „Sein".

Ein Versuch zu verstehen

Blickt man auf die Situation von Russland, so findet sich ja die Figur, dass jenes Russland in den 90er Jahren unter der Führung des damaligen Präsidenten Michael Gorbatschow die von der alten Sowjetunion dominierten Völker im Osten Europas freigab und sein Militär von jenen abzog. Russlands sicherlich auch aus der Not geborenes Anliegen zu jener Zeit war, die Ära des kalten Krieges endgültig zu überwinden und eine neue Zeit der friedlichen Koexistenz von Ost und West einzuläuten. Dafür vertraute es auf die damaligen Zusagen des Westens, die Nato um keinen Zentimeter nach Osten zu erweitern (Anmerkung 9) und damit zu ermöglichen, dass zwischen dem Osten und dem Westen eine neutrale Mittelzone entstehen würde. Im Gegensatz zu Russland, welches sein Militär in der Folge dieser Vereinbarung tatsächlich zurückzog, hielt der Westen damals nicht Wort. Vielmehr expandierte man zuerst wirtschaftlich, dann politisch und zuletzt auch militärisch immer mehr Richtung Osten, immer näher an die Grenzen Russlands heran.

Friedman aber – der sicherlich durch seinen großen Beratungseinfluss als „pars pro toto" für die US-Amerikanische Außenpolitik stehen dürfte – sagt mit Hinblick auf die europäische Geschichte:

„Niemand hat jemals Russland dauerhaft besetzt....aber Russland hat sich immer gegen Westen bewegt....!" (siehe. o.g. Video). Damit aber zeichnet er ein historisch unwahres Bild von Russland, in welchem der Keim für die Diffamierung und Verleumdung gegenüber Russland enthalten ist. Denn wie ist die allen bekannte historische Wirklichkeit?

Blicken wir auf die napoleonischen Kriege, so finden wir hier mit Frankreich einen westlichen Staat, der sich mit großem Expansionsbestreben immer mehr nach Osten hin ausweiten wollte und dabei auf Widerstand Russlands und anderer Nationen stieß. In der Folge dieses Widerstands drang Frankreich weit mit seiner Armee in die Tiefen Russlands ein. Nur durch hohen Blutzoll und den Preis, ihre eigenen Städte freiwillig den Flammen übergeben zu müssen um den Angreifern keine Beute in die Hand zu geben, konnten sich die Russen von dieser Aggression des Westens befreien. Gleichzeitig drang Russland tatsächlich im Zuge dieser Versuche Frankreichs nach Osten zu expandieren für eine kurze Weile weit in den Westen Europas vor um die Aggressoren nicht wieder hochkommen zu lassen (Anmerkung 10).

Es zeigt sich daher klar, dass es Russland hier keineswegs darum ging aggressiv nach Westen zu expandieren, sondern dass es – durchaus im Verbund mit anderen europäischen Nationen darunter phasenweise sogar auch England – das Anliegen verfolgte, die politischen und militärischen Expansionsbemühungen Frankreichs zu verhindern und damit seinerseits zu einem Völkerfrieden in Europa unter freien und unabhängigen Staaten beizutragen. Und gut hundert Jahre später in den 1940er Jahren haben wir eine Wiederholung der Geschichte....

Wieder wird Russland von einer westlichen Armee angegriffen. Diesmal hat diese es sich zum Ziel gemacht die slawischen Völker zu unterdrücken um Raum für die deutsche „*arische Rasse*" zu gewinnen. Wieder muss Russland einen immensen Blutzoll bezahlen – den höchsten aller Kriegsnationen im zweiten Weltkrieg. Und nicht zuletzt – um die Welt dauerhaft vor der Tyrannei eines Naziregimes zu befreien - kämpft es erbittert und unter einem riesigen, schier unermesslichen Aufgebot menschlicher Leben um seine Freiheit und stößt in der Folge dieser Befreiung bis weit nach Deutschland hinein vor, um Europa und sich selbst dadurch vor dem deutschen Faschismus zu schützen. In diesem Zuge bekommt es Einfluss über weite Teile des europäischen Ostens... Durch den Bolschewismus wird diese Phase der Dominanz im östlichen Europa, wie sie mit der Sowjetunion verbunden war, überdies ideologisch und mit einem gewissen Absolutheitsanspruch fest zementiert....

Aber auch hier stellt sich die interessante Frage, gab es von Seiten des Westens gewisse Interessen, gerade diesen Bolschewismus in Russland zu implementieren (Anmerkung 11)?

Die USA dagegen hatten von allen kriegsbeteiligten Nationen die geringsten Verluste und konnten ihrerseits nicht zuletzt dank des hohen Blutzolls, den Russland bezahlte, am Siegertisch Platz nehmen. Wie aber dankten sie Russland für seine Opfer, welches dieses zur Überwindung des Deutschen Faschismus gebracht hatte?

Nur rund fünfzig Jahre später, als Russland sich entschloss, den Kommunismus hinter sich zu bringen und mit dem Westen den Frieden zu suchen, indem es seine militärischen Armeen aus den zuvor besetzten osteuropäischen Gebieten zurückzieht, verspricht der Westen Russland zwar nicht, sich ebenfalls aus seinen westlichen Gebieten zurückzuziehen und damit eine große mitteleuropäische Neutralitätszone zwischen Ost und West zu ermöglichen, aber immerhin mit dem westlichen

Militärbündnis NATO „keinen Zentimeter" nach Osten zu expandieren (Anmerkung 9). Das durch den Sozialismus wirtschaftlich und militärisch stark geschwächte, aus amerikanischer Sicht dadurch in einem kalten Krieg „besiegte" Russland gab sich mit dieser schwachen Zusage zufrieden. Auf eine völkerrechtlich verbindliche vertragliche Regelung verzichtete es. Schließlich erlebte es gerade in den Gesprächen mit Deutschland einen historischen Moment der Verbrüderung mit dem Westen, der ihn für Augenblicke dessen anhaltendes Kalkül auf naive Weise übersehen ließ....

Denn was wurde aus dieser Zusage? Im gleichen Maße als Russland die osteuropäischen Gebiete freigab, zog der gleiche Westen, der zuvor Russland garantiert hatte, sich in Europa militärisch künftig zurückhalten zu wollen, mit seiner Militärallianz immer tiefer in die osteuropäischen Gebiete ein. So wurde die Nato tatsächlich gegen alle Zusagen des Westens und gegen alle Sicherheitsbedenken Russlands Stück für Stück und Meter für Meter nach Osten hin erweitert.

Wirkt nicht die Aussage eines US Amerikanischen geostrategischen Beraters wie es George Friedman ist, *der Westen habe nie langfristig Russlands Boden besetzt, während Russland aber immer wieder die Tendenz habe, sich nach Westen hin ausdehnen zu wollen,* vor dem Hintergrund dieser Tatsachen wie ein Hohn, ja wie eine schwere Verleumdung, wenn man dem gegenüber stellt, dass Russland tatsächlich wiederholt miterleben musste, wie der Westen immer wieder mit militärischer Gewalt weit in den Osten vorstieß, und wie es sich dennoch im Verlauf immer wieder darum bemühte einen Frieden mit den westlichen Teilen Europas zu schaffen (Anmerkung 12)?

Wie wirken Ausgrenzung und Verleumdung

Wie aber wirkt es, wenn man einem Volk, welches wiederholt angegriffen wurde und sich zu verteidigen suchte und welches dennoch immer wieder den Versuch eines Friedensschlusses macht, in Verkehrung der historischen Realität vorwirft, es habe ja immer schon aggressive Tendenzen gehabt? Wie wirkt es, wenn der Westen als wiederholter Aggressor den Russen vorwirft, dass sie der eigentliche Aggressor seien, und wenn er dieses Volk gleichzeitig durch das stetige Heranrücken der Nato an Russlands Grenzen wiederum in der Geschichte immer stärker mit seinen Truppen bedroht, während der Osten selbst damals seine Truppen zurückgezogen hat?

Aus einer psychologischen Sicht wirken derartige Realitätsumkehrungen und Verleumdungen auf den derart Beleidigten und Angegriffenen schwer traumatisierend. Er fühlt sich in seinen berechtigten Überlebensinteressen, seinem Anliegen für einen stabilen Frieden und seinem Opfer, welches er wiederholt in der Geschichte auf sich nehmen musste, nicht nur missverstanden, sondern regelrecht verleumdet.

Indem wir aber einen Menschen verleumden, treiben wir ihn auf Dauer in ein Trauma. Ja, indem wir ihn vielleicht sogar missbrauchen um die eigenen Interessen, wie z.B. die der Wiedervereinigung Deutschlands durchzusetzen, und ihn dennoch zugleich hintergehen, indem wir Verabredungen nicht einhalten, Versprechen brechen, ihn militärisch immer stärker bedrängen, und ihn zuletzt, wenn er sich dagegen zu wehren beginnt, immer weiter ins Abseits stellen, treiben wir ihn durch das Unrecht, welches wir ihm damit antun, immer mehr in die Enge. Indem wir zuletzt gar zusehen und zulassen, wie er wie im Falle von Odessa dafür umgebracht wird, dass er sich für seine Rechte einsetzt, ja, indem wir ihn ungerechtfertigt und lügenhaft zum Täter stilisieren, wo wir ihn eigentlich hintergangen haben, greifen wir seine Würde und seine Existenz auf das Schärfste an. Wer aber gerade dem russischen Volk, welches seine Würde, seine Unabhängigkeit und seine Freiheit als seine höchsten Güter ansieht und in seiner Geschichte wiederholt massive Angriffe durch den Westen auf diese Würde und Freiheit erleben musste, auf diese Weise jene Würde zu nehmen versucht, wird dieses damit so in die Enge treiben, dass es aus seinem historischen Trauma heraus gar nicht mehr anders kann, als verzweifelt zu versuchen seine ihm abtrünnig gemachten Rechte auf militärischem Weg wieder zurückzuerobern.

George Friedman und damit die US-Amerikanische Politik, die er berät, weiß genau, dass Russland mit einer Expansion der NATO Richtung Osten in eine unerträgliche Enge getrieben wird, die es sich nicht wehrlos gefallen lassen *kann*. So sagt er in dem oben aufgeführten Vortrag:*„Die Frage, die jetzt für die Russen auf dem Tisch ist, ist, ob die Russen die Ukraine als eine Pufferzone zwischen Russland und dem Westen halten werden können, die wenigstens neutral bleiben wird, oder ob der Westen so weit in die Ukraine eindringen wird, dass der Westen (NATO) nur 100 km von Stalingrad und 500 km von Moskau entfernt sein wird. Für Russland stellt der Status der Ukraine eine existentielle Bedrohung dar. Und die Russen können bei dieser Frage nicht einfach so wegsehen, bzw. loslassen.“*

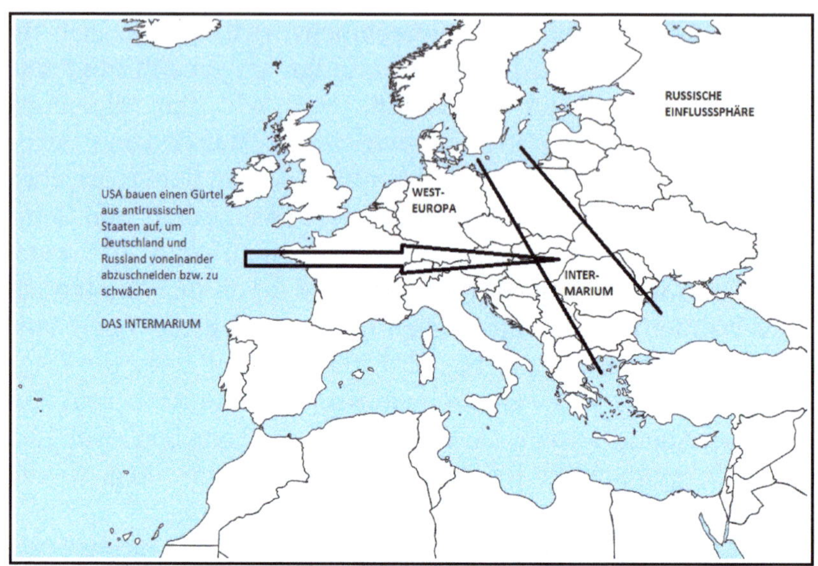

Das Bild entspricht einer Darstellung aus einem Vortrag des US Geostrategen und Politikberaters George Friedman, in dem dieser die US-Amerikanische Strategie für Europa erklärt (siehe auch Anmerkung 5).

Mit diesen Worten macht er deutlich, dass die USA weiß, dass die Überschreitung der roten Linie durch die Nato in Richtung Ukraine für die Russen eine nicht tolerierbare Provokation darstellen würde, die Russland nicht dulden kann, da es ihm ansonsten an die Existenz geht. Zugleich ergänzt er:

„Für die USA gilt im Falle, wenn Russland sich an der Ukraine weiterhin festhält: Wer wird Russland stoppen? Deshalb ist es kein Zufall, dass der General Hodges, der für all das als verantwortliche Person ernannt wurde, davon spricht, dass die Eingreiftruppen in Rumänien. Bulgarien, Polen und im Baltikum aufgestellt werden sollen. Damit begründet man das Intermarium das Territorium zwischen dem Schwarzen Meer und der Ostsee.“

Die Situation eines von westlichen Mächten dominierten „Intermariums", welches eine zu große Annäherung von Russland an Deutschland verhindern soll, liegt also den Worten von Friedman zufolge im Interesse der USA, denn:

„Für die USA ist die größte Urangst, dass deutsches Kapital und deutsche Technologien und die russischen Rohstoffe und die russischen Arbeitskräfte sich zu einer einzigartigen Kombination verbinden, die der USA seit Jahrhunderten eine Höllenangst einjagt. Also wie kann man das erreichen, dass diese deutsch russische Kombination verhindert wird? Die USA haben ihre Karten auf den Tisch gelegt: das ist die Linie zwischen dem Baltikum und dem Schwarzen Meer."

Indem Friedman so unmissverständlich das amerikanische Interesse zwischen Russland und Deutschland einen Keil hineinzutreiben betont, bringt er zugleich auch unmissverständlich zum Ausdruck, dass die Rote Linie für Russland an der westlichen ukrainischen Grenze liegt, und dass jede Überschreitung dieser roten Linie durch die existentielle Bedrohung von Russland zur militärischen Eskalation führen muss.

Blickt man auf die mit der Maidan Revolution (Anmerkung 13) eingeleiteten politischen und militärischen Bemühungen der letzten Jahre, nun auch die Ukraine zunehmend politisch, wirtschaftlich und militärisch in die westlichen Bündnisse einzubeziehen (Anmerkung 14), so besteht keine Frage, dass damit die selbst von Friedman beschriebene rote Linie spätestens seit den Ereignissen in der Ukraine im Jahr 2014 übertreten worden ist.

Ein Spiel mit dem Feuer

Welche Dynamik, welche irrationalen zerstörerischen Bemühungen und Destruktionskräfte stehen hinter dem politischen Geschehen, welches hier offensichtlich durch den Schritt des Westens über die gesteckte rote Linie einen Krieg in Europa oder möglicherweise sogar darüber hinaus in Kauf nimmt?

Was verleitet die Welt zu diesem gefährlichen Spiel mit dem Feuer, wo selbst einer der besten Kenner der US-Amerikanischen Außenpolitik den Zustand eines stabilen „Intermariums" einerseits aus Sicht der USA und einer neutralen, nicht in die westlichen Bündnisse eingebundenen Ukraine andererseits auf Seiten von Russland als stabilste und damit sicherste Situation für alle beschreibt? Sind es Kräfte in den USA, denen die ja bereits lange vollzogene Spaltung zwischen Russland und Deutschland immer noch nicht weit genug geht, und die aus Angst vor einer deutsch-russischen Allianz hier sogar gegen ihre eigene Vernunft handeln, indem sie zulassen oder gar erwirken, dass sich die westlichen Bündnisse immer weiter über die Rote Linie hinaus erweitern (Anmerkung 15)? Sind es eher die Deutschen, die hier ihrer Mittelstellung zwischen den zwei Interessensphären Ost und West nicht gerecht werden, indem sie vielleicht gar aus einem historischen Schuldgefühl heraus, sich für die Demokratieentwicklung der Ukraine nach westlichem Vorbild verantwortlich zu fühlen, die Expansionsabsichten des westlichen Partners übersehen und deshalb gegen alle Vernunft die Überschreitung einer roten Linie durch den Westen gutheißen? Oder aber sind es Kräfte der Angst vor den abermaligen Aggressionen des Westens eines von historischen

Traumen gebeutelten Russlands, die jenes aktuell in Irrationalität und zerstörerische Verzweiflungsakte führen? Überall aber scheinen es tatsächlich wirkende Kräfte der Angst und der Bindung an gewohnte Muster und Emotionen zu sein, die hier die Welt in zunehmende Zerstörung hineinziehen wollen.

Die Lösung?

Für Friedman ist diese Frage, wo die Lösung zu finden ist, vielleicht ohne dass er sich dessen voll bewusst ist, eindeutig: Sagt er doch: *„Und die Sache, worauf wir keine Antwort parat haben, ist die Frage, was Deutschland in dieser Situation unternehmen wird. Die echte unbekannte Variable in Europa sind die Deutschen – wenn die USA diesen Sicherheitsgürtel aufbauen, nicht in der Ukraine, sondern zum Westen hin, und die Russen werden versuchen, Einfluss auf die Ukraine zu gewinnen – wir wissen nicht, wie deutsche Haltung darauf ausfallen wird. Denn die Deutschen haben ein sehr komplexes Verhältnis zu den Russen. Die USA haben ihre Spielkarten auf den Tisch gelegt; und das ist die Linie zwischen dem Baltikum und dem Schwarzen Meer. Für die Russen lagen ihre Spielkarten schon immer offen auf dem Tisch - die Russen wollen wenigstens eine neutrale Ukraine haben, keine prowestliche.....Nun, wer mir eine Antwort darauf geben kann, was die Deutschen in dieser Situation tun werden, der kann mir auch sagen, wie die nächsten 20 Jahre Geschichte aussehen werden. Aber unglücklicherweise haben sich die Deutschen immer noch nicht auf eine Entscheidung hin festgelegt. Und das ist das ewige Problem Deutschlands. "*

Mit diesen Worten bringt er letztlich zum Ausdruck, dass auch er Deutschland in der Frage der Entwicklung der Geschichte in den kommenden 20 Jahren für zentral hält. Kann es also tatsächlich sein, dass hier weder die USA noch Russland eine Chance haben aus ihrer einseitigen und verhärteten Position herauszukommen, und dass es Deutschlands Aufgabe wäre zwischen den beiden – hier durch Friedman klar offengelegten – Postionen von Russland und den USA die richtige

Mittelstellung zu bewahren? Interessant ist, dass ja die Ausführungen Friedmans so sind, dass eine politische Lösung gar nicht so schwer wäre: Zeigt er doch klar die Sorge der USA vor Ausgrenzung durch eine deutsch-russische Allianz und deutet zugleich an, dass dieser Angst aus territorialer Sicht Genüge getan wäre, mit einem sogenannten Intermarium, also einem prowestlichen „Sicherheitsgürtel" aus westlicher Sicht zwischen der Ukraine, Belarus und den baltischen Republiken auf der einen Seite (Anmerkung 16) und einem „Sicherheitsgürtel" aus östlicher Sicht bestehend aus zumindest der Ukraine und eigentlich auch aus Belarus und den baltischen Republiken (siehe Karte) auf der anderen Seite. Mit diesem beidseitigen Sicherheitsgürtel hätte – so Friedman – Russland ohnehin die östlichste Verlagerung seiner Westgrenze erreicht.

Gleichzeitig zeigt Friedman mit seinem Vortrag eine Gefahr auf, die mit der Rolle der USA verbunden ist, und das ist die Gefahr, dass diese eigentlich in gewisser Weise *noch klüger* und noch mächtiger sein wollen als selbst die Nazis, indem sie sich immer wieder des Prinzips des *„Divide et Impera"* bedienen. Indem Friedman uns einerseits als Zuhörer an diesem Gedanken teilhaben lässt und zugleich den Gedanken einer für beide Seiten akzeptablen Lösung ausspricht und auf die besondere Rolle Deutschlands hinweist, macht er eigentlich deutlich, welch hohe Verantwortung gerade Deutschland hier für den Erhalt des Weltfriedens hat. Einerseits muss es die beiden Sicherheitsbedürfnisse von den USA und Russland wahrnehmen und berücksichtigen; zugleich muss es auch die Gefahr und Versuchung der einen Seite *noch klüger* sein zu wollen als die Nazis, die in den USA durch die Angst vor Ausgrenzung durch ein vereintes Deutsch-Russland lebt, im

Blick behalten. Auf der anderen Seite aber muss es auch die Gefahr erkennen, die daraus resultiert, dass ein Volk, welches gerade durch das deutsche Wesen in höchstem Maße traumatisiert worden ist, abermals durch westliches Vormachtstreben traumatisiert wird. Diese Gefahr, die ja darin besteht, dass jenes Volk aus diesem Trauma heraus zum Aggressor wird, muss von Deutschland erkannt werden und zugleich muss Deutschland alles daran setzen, für die russische traumatisierte Position Verständnis zu schaffen und dafür zu sorgen, dass jenes Volk nicht weiter durch westliche Expansionstendenzen und Aggressionen, wie sie sich z.B. jetzt aus den massiven, für Russland kaum wirtschaftlich überlebbaren Sanktionen ergeben, traumatisiert wird. Es muss dies alles einerseits aus tiefer historischer Verantwortung heraus tun und andererseits auch um durch eine Unterlassung nicht abermals zum Anlass eines verheerenden, die ganze Welt betreffenden Krieges zu werden, aus dem es selber als größter Verlierer hervorgehen würde.

Die Wirkung geschichtlicher Traumatisierungen

Aus einer psychotraumatologischen Sicht ist sowohl die Angst vor westlichen Expansionsbestrebungen, die der Russe verspürt, als auch die Angst des US-Amerikaners vom Heimatkontinent ausgegrenzt zu werden, durch die er letztlich die Legitimierung fühlt, die Spaltung zwischen Russland und Deutschland vornehmen zu dürfen, aus tiefen und uralten historischen Traumen und Ängsten heraus bedingt, die beiden Völkern tief in die Genetik eingeprägt sind. So hat der **US-Amerikaner** in seiner eigenen Geschichte wiederholt die Erfahrung von Ausgrenzung machen müssen: Zuerst, indem ihm das feudalistisch orientierte Europa einst in Zeiten der Armut und Hungersnöte die Existenzgrundlage entzogen hatte. Denn schließlich gehört zur Gründungsphase der USA die Problematik, dass viele Menschen durch Not und Hunger vertrieben traumatisiert den heimatlichen Boden verlassen und ihr Heil in der Ferne suchen mussten. Und später, indem sehr viele Juden, die heute führende Positionen in der amerikanischen Gesellschaft übernommen haben, angesichts der Verfolgung durch Nazideutschland Europa verlassen mussten. Auch George Friedman entstammt einer jüdischen Familie, die vor dem Holocaust in die USA geflüchtet ist. Aus dieser Angst und dem Trauma der Ausgrenzung heraus, fühlt der US-Amerikaner sich noch heute wie magisch-genetisch dazu determiniert, Europa zu kontrollieren, zu dominieren und zu spalten und damit seinen Einfluss in dem Kontinent, durch den er sich vertrieben fühlt, zu wahren. **Russland** dagegen lebt aufgrund seiner wiederholten Erfahrung westlicher Expansionen, Aggressionen und Überfälle auf sein Territorium, in der steten Angst vor einer Wiederholung derselben....

Die Rolle Deutschlands

Und der Deutsche, den offensichtlich George Friedman als das Zünglein an der Waage für den weiteren Gang der Geschichte ansieht?

Sein Trauma besteht sicherlich in dem Gefühl steter Kriegsschuld, von dem er glaubt sich nur dadurch befreien zu können, dass er sich beflissentlich für die westlichen Werte, die westlichen Demokratien einsetzt und deren Expansion in den Osten unterstützt. Gerade aber durch dieses tief sitzende Schuldgefühl, durch welches ihm suggeriert wird, er müsse immer im „absoluten Gehorsam" bleiben gegenüber denjenigen Mächten, die ihm nach dem Krieg den wirtschaftlichen Aufbau beschert hatten, und damit durch seine Bindung an seinen Brotgeber, vergisst er ganz seine ureigenste Aufgabe, die da wäre zum Westen hin klar zu signalisieren: Auch wenn wir Europäer uns an euch Amerikanern historisch einst schuldig gemacht hatten, indem wir euch keine ausreichenden Lebensgrundlagen auf dem Mutterkontinent verschafft haben, und weil wir euch dankbar sind für die Unterstützung, die ihr uns nach dem Krieg gegeben habt, werden wir euch heute geistig die Treue halten und euch die Angst vor Ausgrenzung dadurch nehmen, dass wir euch zusichern: Unsere Freundschaft nach Russland soll niemals so sein, dass ihr euch durch dieselbe gefährdet fühlen müsst. Vielmehr werden wir dafür sorgen, dass ihr durch diejenigen Fähigkeiten, die ihr euch in der Ablösung vom Mutterkontinent erworben habt, immer auch ein geachteter Teil unserer globalen Gesellschaft sein werdet. Und diese Fähigkeiten sind: Euer weiter, erkennender Blick, der in der Lage ist, das Ganze im Blick zu haben und die Welt der Materie solide, gut und gründlich mit

Wissen und Kenntnissen zu durchdringen und zu gestalten. Jede Tendenz aber, Spaltungen unter anderen Völkern zu kreieren um dadurch Macht zu erzielen, wie ihr sie euch aus Angst vor der Ausgrenzung angelegt habt, wird vor dem Hintergrund dieser unserer Haltung nicht mehr notwendig sein, da wir euch das Ideal einer globalen Gesellschaft vorleben werden, die ihre Glieder mit ihren unterschiedlichen Fähigkeiten als gleichberechtigte Partner behandeln kann, und in der niemand übervorteilt oder ausgegrenzt werden soll. Damit aber soll euch ein Weg offenstehen, eure großen Fähigkeiten, die ihr euch durch den notwendigen Alleingang nach Westen und die damit verbundene Loslösung vom Heimatkontinent erworben habt, brüderlich in das Ganze der Welt einzubringen, so dass ihr dadurch zu einem wertvollen Glied der globalen Gemeinschaft aufsteigen könnt, welches keine Angst mehr vor Ausgrenzung haben muss und deshalb auch niemanden mehr dominieren oder in die Spaltung treiben muss. Auch die historische Schuld, die sich ergeben hat aus dem Trauma der Vertreibung von Europa, wird damit ausgeglichen werden (Anmerkung 17).

Zugleich will der Deutsche auch nach Osten hin Freundschaft schließen und dem Russen bedeuten, dass er als Garant für dessen Freiheit jeglichen westeuropäischen Expansionsbestrebungen gegenüber eine entschlossene Haltung einnehmen wird, die er als Zentrum eines Weltfriedens erkennen wird. Jegliche Profitsucht, jegliches Fixieren auf materielle Vorteile, die ihn verleiten mit Russland aus egoistischen Motiven heraus gegen andere Völker gemeinsame Sache zu machen, indem er die von der Welt so gefürchtete Allianz von deutschem Geist und russischen Ressourcen *gegen* die Welt verwendet, und sich damit zum mächtigsten Herrn der

Welt aufschwingt, will er von sich weisen. Schließlich hat er erfahren und weiß, dass sein Versuch in der Geschichte den russischen Boden für seine eigene Macht, seine eigene Eitelkeit und Selbstsucht zu missbrauchen, unsägliches Leid über die Welt und auch sein eigenes Land gebracht hat.

So wird der Deutsche nur zu seiner vollen Verantwortung heranreifen können, wenn er zu demjenigen kommen wird, was der deutsche Geistesforscher Rudolf Steiner in Vorausahnung dunkelster Kapitel deutscher Geschichte andeutete, wenn er sagte: Der Deutsche dürfe niemals sich mit demjenigen identifizieren, was *„Blut oder Rasse"* sei, sondern müsste viel mehr lernen, *„sein Wesen durch geistige Ideen und geistige Empfindungen auszudrücken"*, *„denn immer wieder und wieder werden die besten Deutschen nicht müde, zu erklären, wie man das Wesen des Deutschen nur durch Geistiges ausdrücken und offenbaren kann."* (Rudolf Steiner in seinem Vortrag über *„Die tragende Kraft des Deutschen Geistes"* gehalten in Berlin, am 25. Januar 1915 also zu Beginn des ersten Weltkrieges).

Was aber ist der Geist, den der Deutsche offensichtlich entwickeln muss um seine historische Verantwortung für die Welt entwickeln zu können und damit sein eigenes Trauma und die immer wiederkehrende Spirale der ewigen Kriegsschuld endgültig zu überwinden?

Der Geist, der letztlich in der Kraft des Deutschen Idealismus angelegt ist, ist die geistige Fähigkeit von seinem eigenen Egoismus und der eigenen Behäbigkeit und Selbstgefälligkeit abzusehen, indem man einerseits den anderen Menschen in seiner Schwäche und seiner Bedürftigkeit erkennt und statt ihn dafür zu verurteilen viel mehr auf diese Schwäche überall dort wo nötig Rücksicht nimmt. Das wäre das Prinzip der Brüderlichkeit im Handeln. Zugleich besteht die Kraft des Geistes darin, den anderen nicht mit seiner Schwäche zu identifizieren, ihn also nicht darin sitzen zu lassen, sondern hinter dieser Schwäche dessen geistiges Potential zu entdecken, ja konkrete Gedanken und Empfindungen zu dessen verborgenem Potential zum Ausdruck zu bringen und jenes Potential dadurch auf geistigem Wege zu fördern.

So muss der Deutsche einerseits die Schwäche des Russen, die letztlich in seinem historischen Trauma durch die westlichen Expansionsabsichten liegt, erkennen. Und - da er maßgeblich zu diesem Trauma beigetragen hat - auch die Verantwortung dafür übernehmen. Indem er das tut, überwindet er letztlich auch seine eigene Schwäche, die in der Bequemlichkeit und mangelndem wirklichem Interesse an der Welt liegt. Zugleich muss er auch die Schwäche des Amerikaners berücksichtigen, welche aus einer historischen Ausgrenzung und den sich daraus ergebenden Aggressionen resultiert und sich durch zahlreiche Verlustängste, damit einhergehende Machtansprüche und damit durch eine starke Abhängigkeit von dem Prinzip der Materie, zeigt.

Darüber hinaus aber muss der Geist einen neuen Gedanken entwickeln, der als Anlage, als Potential im anderen hinter dem Trauma verborgen ist, und jenem Gedanken zur Wirklichkeit verhelfen (Anmerkung 18). Indem er das tut, setzt er seinen eigenen Geist, sein eigenes Erkennen und Verstehen zum Gelingen des Ganzen ein.

Freiheit, Gleichheit, Brüderlichkeit

So braucht der Amerikaner einen Gedanken, eine Idee, ein Zutrauen von denjenigen, die ihn einst vom Heimatkontinent vertrieben haben, wie er seine ihm erwachsenen Fähigkeiten sinnvoll und im Sinne des Weltganzen einbringen kann, statt sie nur für sich alleine und zu seinem eigenen Vorteil zu nutzen. Gleichzeitig braucht er die Erfahrung von ihm gegenüber stehenden Menschen, die alle ungerechtfertigten Vormacht- und Expansionsbestrebungen zurückweisen und nicht aus falschen Schuldgefühlen heraus jene noch bedienen. Nur durch Gedanken, die zu einer solchen Kraft führen, Gedanken, die durch den Geist in Freiheit und ohne jedes Vorteilsdenken errungen werden, kann der Amerikaner die Angst davor, nicht mehr Teil der alten Welt zu sein, die ihn dazu bewegt jene alte Welt immer wieder angstvoll dominieren zu müssen, verlieren und das Wesen der Macht ablegen. Zugleich wird er dadurch seine Fähigkeiten der Welt so zur Verfügung stellen, dass er an den Tisch der **Brüderlichkeit** unter Gleichen zurückkehren kann, und damit seine historische Schuld begleichen kann.

Ebenso braucht der Russe nicht nur die Zusicherung seiner eigenen Sicherheit, sondern dass der Westen - und hier vor allem das mitteleuropäische Deutschland - ihn nicht nur für seine Rohstoffe und Arbeitskräfte bewundert, die man zum eigenen Vorteil nutzen kann, und die für den Russen niemals sein Zentrum ausmachen, sondern dass man an ihm dasjenige achtet und schätzt, was der Russe selbst als sein Zentrum ansieht, und das ist seine Würde.

Diese Würde aber besteht in dem Potential um des Ideals der geistigen Freiheit willen sogar seine eigenen Städte zu verbrennen oder gar das eigene Leben zu opfern, also letztlich dem Ideal eines Geistes, der um seiner selber willen bereit ist alle materiellen Vorteile aufzugeben. Jene Kraft aber des Russen, die im Zweifelsfall in der Lage ist alles zu tun, nur um kein Unrecht gewähren zu lassen, und dabei auch keine Angst davor hat, das eigene Leben zu riskieren, kann einerseits den Anstoß für unermessliche Zerstörungskräfte geben, enthält sie doch im Verborgenen auch ein dem Irdischen entfliehen wollendes Wesen. Wenn sie noch am persönlichen Stolz und damit in dem Anspruch, die Würde und Freiheit „haben zu wollen" ansetzt, trägt sie das Potential in sich, zusammen mit den unermesslichen und immer weiter nach Osten hin ausufernden Gebiets- und Machtansprüchen eines Westen, der seine dekadent gewordene Gesellschaftsordnung mit Absolutheitsanspruch vertritt, die Welt in einen Abgrund zu stürzen, aus dem niemand als Sieger hervorgehen kann.

Andererseits aber kann diese Kraft auch zu einer großen Friedensquelle für die Welt werden. Denn wenn sie frei von dem Anspruch ist, irgendetwas für sich selber zu wollen und rein für das Ideal der Freiheit und Würde der Menschheit eintritt, kann sie zur Opferkraft werden, die dazu beiträgt den Weltfrieden herzustellen. Diese Kraft und Opferbereitschaft war es letztlich auch, die vor mehr als 70 Jahren Nazi Deutschland zu Fall brachte.

Dies alles muss eine Welt, die trotz aller Warnungen dieser Tage weiterhin auf ihrem Recht pocht, Putin und damit Russland immer noch weiter in die Ausgrenzung und Zerstörung zu treiben, wissen und fürchten. Und so muss der

Westen aufhören, den Russen jetzt durch alle möglichen vernichtenden Sanktionen immer noch weiter in die Enge zu treiben, da sonst Fürchterliches geschehen könnte.

Wenn aber diese Qualität, wie sie im Osten als **Potential** angelegt ist, **sich unter Verzicht auf alle materiellen Vorteile bedingungslos für die Würde einzusetzen, indem man sie lebt statt sie vom anderen einzufordern**, durch Deutschland, und im weiteren Sinne auch durch den Westen in ihrem Wert gesehen und erkannt werden kann, kann der westliche Mensch am Russen etwas lernen, was das für den Menschen nötige **Ideal der geistigen Freiheit** und Bindungslosigkeit ist.

So könnte der Deutsche, wenn er seine Identität im Geistigen finden würde, und nicht im materiellen Erfolg, wie alle großen Dichter und Denker Deutschlands es eigentlich angestrebt haben, dazu beitragen, dass **Freiheit im Geiste, Gleichheit im sozialen Miteinander** und **Brüderlichkeit in allem Handeln** zum Quell einer neuen Weltengemeinschaft und damit zu einem neuen Weltenfrieden werden könnte.

Gedanken zum individuellen Umgang
jedes einzelnen mit der Krise

Der geistige Tod Deutschlands

Allem Gesagten zufolge wäre es gerade Deutschland, welches sich seiner eigenen historischen Ideale und Möglichkeiten bewusst werden müsste, wie sie durch zahlreiche Philosophen, Dichter und Denker und Geistesforscher angelegt worden sind.

Es müsste das stete Bemühen zeigen, die anderen Völker im Osten wie im Westen zu verstehen und durch die Erkenntnis derer geistigen Potentiale und Möglichkeiten diesen dazu verhelfen, ihre historischen Schwächen und Traumen zu überwinden. Damit würde es nicht mehr im „Haben-Modus" verbleiben, sondern beginnen, die wahre, geistige Identität der anderen Völker zu ergründen und zu fördern und damit erst selbst zu seiner eigenen Identität finden.

Dieses Ideal aber vieler Geistesgrößen der mitteleuropäischen Geschichte, wie es einmal in Deutschland gelebt hat, das Zukunftsideal von einem freien, sich seiner eigenen geistigen Schöpfermöglichkeiten bewussten Menschen, welcher ausgleichend und wahrnehmend jene Schöpferkraft zum Wohle des Ganzen einsetzt, ist tot.

Es ist letztlich einem trägen deutschen Ungeist zum Opfer gefallen, der es vorzieht, sich lieber der pragmatischen, nutzorientierten, materialistischen Konzepte und Sichtweisen des Westens zu bedienen und damit auf seinen vermeintlichen Vorteil zu schauen, als die konsequente und durchaus mühevolle Arbeit zu leisten, geistige Ziele und Ideale zum

Gelingen des Menschheitsganzen auszuarbeiten. Durch diesen Ungeist ist dieses Ideal außerdem viel zu oft für den stolzen Anspruch einer hegemonialen Vormachtsstellung Deutschlands missbraucht worden und niemals wirklich ausreichend mit der mit ihm verbundenen Kraft der Empathie und Anteilnahme am anderen in Verbindung gebracht worden, so dass heute jeder, der von einem solchen „Deutschen Ideal" spricht, sich sofort nationalistischer Tendenzen bezichtigen lassen muss.

Durch die stete historische Wiederholung des „Ewig Alten", und das ist das Hin- und Herpendeln zwischen einer historischen Phase der von Schuldgefühlen geprägten Selbstaufgabe und einer sich wieder anschließenden Selbsterhöhung und des nationalen Stolzes, gerät Deutschland immer wieder in die Rolle des Täters und trägt damit immer wieder maßgeblich zur Zerstörung der Welt bei.

Wir Menschen in Deutschland sind in der Coronakrise letztlich unserer historischen Verantwortung nicht wirklich gerecht geworden, das bei uns durchaus angelegte Wissen über den Zusammenhang geistig-seelischer Kräfte mit der Krankheit für die Welt erlebbar und sichtbar zu machen und damit aufzuzeigen, dass alles die Seele schwächende Handeln, niemals zur Überwindung von Krankheiten geeignet sein kann, sondern den Mensch immer weiter in Krankheiten und Krisen hineintreiben wird. Damit aber hat unser Land wieder einmal in der Geschichte eine mehr als unrühmliche Rolle eingenommen. Schließlich haben wir sogar mit unserem bekannten deutschen Eifer und der uns so vertrauten auf äußeren Erfolg hin orientierten Dienstbeflissenheit unser Heil in der Ersinnung und Durchführung einer Reihe von Maßnahmen wie die eines äußerst fraglichen PCR Testes

(Anmerkung 19), eines „vorbildlichen" Lockdowns und zuletzt der Erfindung eines mehr als problematischen Impfstoffs (Anmerkung 20) gesucht. Die eigentlich in uns angelegten Erkenntnismöglichkeiten über geistig-seelische Zusammenhänge von Gesundheit und Krankheit, die zu entwickeln zu unserer geistigen Lebensaufgabe gehören würde, haben wir dabei mehr als verleugnet.

Dadurch aber hat unser Land sicherlich wesentlich dazu beigetragen, die Menschheit in einen sozialen, kulturellen, gesundheitlichen und wirtschaftlichen Abgrund zu treiben und hat sich damit an der Menschheit abermals in einem Ausmaß schuldig gemacht, wie es erst nach und nach in den kommenden Jahren sichtbar werden wird.

Indem sich Deutschland nun in der Ukrainekrise abermals seiner wirklichen geistigen historischen Verantwortung gegenüber den USA, Russland und der Welt entzieht indem es in seinem historischen Schuldkomplex bleibt und damit zerstörerische Expansionsbestrebungen des Westens bedient, macht es sich abermals in der Geschichte - wenn auch jetzt auf subtilere und verborgenere Weise als in der Vergangenheit - mitschuldig an einem Krieg, welcher erst seinen Anfang genommen hat.

Die *Hoffnung* auf ein geistig verantwortliches äußeres Deutschland muss losgelassen und der Modus des „Haben-Wollens" muss überwunden werden.

Die Hoffnung auf jenes Deutschland und die in ihm waltenden politischen Kräfte zu setzen, würde deshalb nur in falscher Weise Energien an dieses abgeben und damit zum weiteren Verfall beitragen. So kann und darf sich der Einzelne heute nur noch fragen, was er selber durch seine eigene geistige Haltung an Kräften freisetzt und freisetzen kann, durch die der abermals zentral von Deutschland ausgehende Niedergang mit einem neuen Impuls überwunden werden kann. Das geistige Anliegen Deutschlands kann also nur noch in jedem einzelnen Menschen, unabhängig davon, ob er Deutscher ist oder nicht, entwickelt werden.

Denn jedes Festhalten an einem Schiff, welches schon im Begriff ist unterzugehen, wird dieses Schiff nur noch schneller und weiter in den Abgrund ziehen. Jeder Sprung dagegen in das kalte Wasser, also jedes Loslassen dessen, was bereits am Untergehen ist, aus der Kraft und dem Mut einer neuen Idee heraus, lässt das Alte als unnötigen Ballast untergehen. Es schenkt zugleich eine neue Perspektive, die sich gewissermaßen wie neu von oben aus dem geistig neu gefassten Gedanken hereinsenkt. (Dieses Bild entstammt einer mündlichen, nicht schriftlich fixierten Darstellung des Geistforschers Heinz Grill).

Zu Beginn der Broschüre war die Rede davon, dass der Mensch - wo immer er den Ungeist des Haben-Wollens, also die passiv begehrliche Haltung des Anspruchs, des Besitzes, oder auch des Recht-Haben-Wollens nicht in sich überwindet und aus diesem heraus agiert - zuletzt auf sich selbst und seine eigene Nichtigkeit zurückgeworfen werden wird. Dadurch aber verliert er sein eigenes geistiges Zentrum. Diese Situation lässt sich bei allen Beteiligten der Coronakrise wie auch der Ukrainekrise, ja letztlich bei jedem einzelnen von uns beobachten. Während die Politik und die Wirtschaft ihre eigenen Pfründe sichern will, setzen wir, die wir gegen die Maßnahmen demonstrieren und uns über die Missstände beklagen, ebenfalls noch meist ungesehen in dem Anspruch an, unsere Freiheit und Würde wieder zurückerhalten zu wollen. Ohne es zu merken halten auch wir damit aber noch immer fest an einem untergehenden Schiff bestehend aus unseren eigenen passiven Ansprüchen, Forderungen und Bedürftigkeiten.

Indem wir aber unsere *Bindung* nicht loslassen wollen an das Alte, ja an eine Haltung, die letztlich am Anspruch an die Welt ansetzt und nicht an dem Gedanken selber etwas Neues schaffen zu können, sind wir noch immer mehr mit unserer eigenen Bedürftigkeit beschäftigt als mit dem, was da an Neuem entstehen will (Mit Bindung ist hier eine passive Abhängigkeit, keine konstruktive Verbindung gemeint!)..... Der neue Freiheitsbegriff, wie er geboren werden will, kann aber nicht bedeuten, dass wir die Freiheit als das Recht *einfordern* uns selber bestimmen zu dürfen (Dieses wird uns ja im Zuge der Coronakrise gerade Stück für Stück entzogen, und je mehr wir es einfordern, desto mehr geht es uns verloren), sondern muss sich viel mehr auf die Freiheit beziehen, uns in unserem Denken, Fühlen und Wollen aus frei gewählten Motiven heraus selbst zu bestimmen. Statt uns darin durch Bindungen, Ansprüche, Hoffnungen, Erwartungen und andere Bedürftigkeiten, die wir durch die Welt befriedigt haben wollen, bestimmen zu lassen, wird es darum gehen zu lernen, dass wir unsere Motive nur dem entnehmen, was wir als wahr, schön und richtig erkannt haben, selbst dann wenn alle inneren Widerstände in uns dagegen aufbegehren wollen (Anmerkung 21).

Sicherlich finden sich durchaus erste Ideenansätze für eine solche neue, geistgetragene menschliche Gesellschaft, in der der Mensch sich aus freien Idealen selber bestimmen lernt. Die Überwindung einer immer im Bestand der Materie ansetzenden Grundhaltung, die für sich persönlich nach Sicherheit, Schutz, äußere Freiheit und Besitz strebt, durch die Idee einer konkreten geistigen Schöpferkraft jedes einzelnen Menschen, ist aber im Konkreten bei uns allen bestenfalls Wunsch, keineswegs jedoch noch in irgendeiner Form schon wirklich praktizierter Gedanke.

In der Coronakrise und in der Ukrainekrise haben wir uns als Menschheit in unserem eigenen Haben-Modus tief verstrickt, indem jeder zuletzt in der Unfähigkeit von seinem eigenen triebgebundenen Wollen Abstand zu nehmen, verharrt. Es fehlt uns bislang ein neues, freies, wahrnehmendes Denken, Fühlen und Wollen gegenüber der Welt und unserem Nächsten, welches uns aus unserer eigenen Seelenfinsternis wieder in Beziehung mit denselben bringen kann. So strahlen wir als noch in persönlichen Bedürftigkeiten und Bindungen gefangene Menschen der Gegenwart eine unendliche Finsternis aus, die uns immer weiter in einen zerstörerischen Abgrund ziehen will.

Der Geist- und Seelenforscher Heinz Grill, der schon seit vielen Jahren eine Haltung lebt, die nicht in der äußeren Sicherheit ansetzt sondern im Geiste selbst und damit in aus dem Geistigen geborenen Zukunftsgedanken, die der Mensch realisieren will, weist in seinem umfangreichen Werk immer wieder darauf hin, dass es gerade jene Haltung ist, die in den persönlichen Bedürfnissen ansetzt, die den Menschen immer weiter in die Finsternis und Selbstzerstörung hinunterzieht. Denn die subjektivistisch geprägte Haltung, die mehr auf unsere eigenen Befindlichkeiten und Bedürftigkeiten achtet als auf das, *was es wirklich zum Gedeihen des Ganzen braucht,* macht uns unfähig oder unwillig, die Entwicklungsnotwendigkeiten des Ganzen und damit auch die Seite des Gegenübers wirklich zu erkennen und erstickt uns gewissermaßen wie in uns selbst. Corona als die Erkrankung des Erstickens ist hierfür ein materielles Bild geworden.

Der Abstieg der Dunkelheit ins Innere des Menschen

In einem Jahresausblick auf das Jahr 2022 mit dem Titel *„Der Abstieg der Dunkelheit bis in das Innere des Menschen"* (Anmerkung 22) beschreibt Heinz Grill, wie die Heilung nicht aus der subjektiven Situation erfolgen kann, sondern nur durch den Geist selbst. *„Der Mensch fühlt sich tatsächlich in der Todesfalle. Blickt er unbefangen auf das kommende Jahr, so bemerkt er bereits, wie ihm die Wallung der Dunkelheit jeden freudigen Blick verschattet. In einem Geschehen, das keine richtige Lebenskraft und kein wirkliches zukünftiges Hoffen zulässt, fühlt er sich wie gelähmt."..... „Die Heilung dieser dunklen Gestalt, die den Menschen in passiven Phasen und auch in verschiedensten Lebenssituationen, die nicht geregelt sind, ergreift, ist eigentlich nur durch den Geist gegeben."*

Dazu aber müsse der Mensch *„den Gedanken in seiner Seinsexistenz"* erkennen und *„durch geordnete Bewusstseinserkraftung in die geistigen Welten einigermaßen hereinblicken lernen."* Denn: *„Der naive Glaube_"*, wie er vom Menschen derzeit als ein passives *„banales Für-Wahr-Halten von etwas Geistigem"* gedacht wird, habe so keine Kraft mehr für die Zukunft. Denn was es braucht, ist *„nicht nur das Fühlen einer möglichen Wahrheit, sondern es ist ein Sehen einer realen und im Geiste gegebenen Wirklichkeit."*

Sehen und erkennen aber kann der Mensch nur dann eine Wahrheit, wenn er sie mit klaren und gut konturierten Gedanken vor sich stellt und ausarbeitet, die nicht aus seiner subjektiven Angst und seinem subjektiven Begehren geboren sind sondern aus einem Überblick über das Ganzen heraus (Anmerkung 23).

Welche Rolle spielen Religion und Glauben?

Für Heinz Grill muss es deshalb darum gehen, das was Religion und Glauben ist, auf eine neue Weise durch das individuelle Bewusstsein jedes einzelnen neu zu begründen. Denn:

„In der frühchristlichen Periode konnte man den Christus noch sehen und damit war die Glaubensfrage eine Frage des Sehens. Heute müsste man sehen lernen, dass in der geistigen Welt alle schöpferischen Mächte bangen und warten, damit der einzelne Mensch die besten Ideen für sein Leben ergreift und diese kontinuierlich zu Idealen formt. Heute ist die Glaubensfrage ein banales Für-Wahr-Halten geworden. Sie hat sich in der Gefangenschaft des Physischen beschwert und entfremdet. Auf dieser Grundlage des Materiellen will sich das menschliche Gemüt an den irdischen Bedingungen festhalten und für seine Überlebensstrategie solide Sicherheiten finden. Welche Sicherheiten soll aber diese Zeit gewähren? Das einzelne Individuum muss heute die Zukunft in vollem Wagnis eines noch nicht realisierten, aber doch vorstellbaren Ideals denken und zielstrebig nach diesem leben. Nach einiger Zeit der wirklich ernsthaften Bemühung gewinnen die Gedanken eine erstmalige Realität. Der Glaube wird in diesem Sinne eine unmittelbare sehende Kraft und bereits beginnende Realisation.“

Der Glaube an die Schöpferkraft eines geistigen Ideals muss neu geboren werden

Nicht im passiven Haben-Modus, in passiven Anspruchshaltungen und materiellen oder ideologischen Verhaftungen von Recht-Haben und Recht-Bekommen darf also der Mensch stehen bleiben. All dieses setzt noch im Bestand des Gestrigen an und will dieses bewahren und erhalten. In einer Zeit des Todes und des allgemeinen Niedergangs aber gibt es kein Bewahren, kein Festhalten mehr. Vielmehr muss der Mensch lernen, selber *„die besten Ideen"* für das menschliche Leben auf Erden zu denken und sie auch gegen alle inneren Widerstände durchzutragen.

Diese Widerstände, derer es tausendfache in unseren Seelen gibt, wollen uns suggerieren, dass es angesichts einer derartigen Zerstörungskraft sinnlos und chancenlos ist aus einer „weltfremden" übergeordneten Perspektive heraus geistige Zukunftsperspektiven zu denken....

Für eine solche Arbeit sei keine Zeit und sie würde auch letztlich nichts bringen. Vielmehr sei die Stunde des Handelns und nicht des Sprechens und Denkens, so die Stimme der Suggestion in uns.... Denn der Idealismus sei ja doch eine brot- und fruchtlose Kunst, die es endgültig zu überwinden gälte um endlich in der Wirklichkeit anzukommen!

In seiner aktuellen Regierungserklärung spricht der Deutsche Bundeskanzler Olaf Scholz von einer „neuen Ära", in der es in der Ukraine Krise darum ginge erfolglosen Worten nun auch Taten folgen zu lassen, um den „Frieden" in Europa wieder herzustellen! Taten bedeuten für Olaf Scholz nun Aufrüstung,

Militarisierung von Deutschland, denn das seien die einzigen Worte, die Putin noch verstehe...

In diesen letztlich verzweifelten Worten drückt sich das Ohnmachtsgefühl eines Menschen aus, der die Schöpferkraft seines eigenen wahrnehmenden Denkens vergessen hat und deshalb an die Stelle der in Beziehung tretenden Wahrnehmung und des freien Gedankens nun einen von finsteren und harten Emotionen durchsetzten Willen treten lässt. Wie anders klängen dagegen die Worte eines Kanzlers, der sich im Bewusstsein seiner historischen Verantwortung aus ganzer Seele dafür einsetzen würde, die geistigen Notwendigkeiten Russlands und Amerikas zu verstehen und ausgleichende Gedanken zu schaffen um dadurch vermittelnd in den Konflikt hereinwirken zu können..... Anstelle eines von finsteren Gedanken und Emotionen durchsetzten Willens, der sich zum Medium unbewusster Zerstörungskräfte macht, muss der Mensch reine Anschauungen vom anderen und freie Gedanken über das, was jener wirklich braucht, erlangen. Aus diesen alleine können sich beziehungsstiftendes Mitgefühl und Heilung fördernde Willensimpulse entwickeln.

Der Glaube an die Kraft eines aus der Wahrnehmung des geistigen Entwicklungsbedürfnisses der anderen Seele geborenen Gedankens, den wir gegen allen Zweifel und gegen alle inneren Urteile hindurchtragen, muss in der Gegenwart als eine neue geistige Kraft geboren werden. Bemerken müssen wir dabei wie zerstörerisch eine Haltung ist, die den anderen immer wieder verurteilt statt ihn anzuschauen sucht. Erkennen müssen wir, wie jene Haltung nicht nur den anderen, sondern auch uns selbst immer mehr einkerkern will und zuletzt jede Entwicklung blockiert (Anmerkung 24). Denn jeder Mensch, der sich einmal zu einem solchen übergeordneten Ideal durchgerungen und aufgerichtet hat, den anderen Menschen wirklich geistig verstehen zu wollen und dadurch ein bislang noch nicht realisiertes Potential an ihm denkend zu entdecken, jeder Mensch dem es gelungen ist, durch ein solches Ideal einmal persönliche Vorlieben, Emotionen, Ansprüche, Urteile und Sicherheitsbedürfnisse zu überwinden und zu dem hin zu finden, was der andere wirklich sein will, weiß in der Tiefe seiner Seele das, was Heinz Grill mit den Worten andeutet:

„Das einzelne Individuum muss heute die Zukunft in vollem Wagnis eines noch nicht realisierten, aber doch vorstellbaren Ideals denken und zielstrebig nach diesem leben. Nach einiger Zeit der wirklich ernsthaften Bemühung gewinnen die Gedanken eine erstmalige Realität. Der Glaube wird in diesem Sinne eine unmittelbare sehende Kraft und bereits beginnende Realisation".

Denn er kann die Erfahrung machen, dass sich das, was er zunächst nur geistig geschaut hat, tatsächlich am anderen Menschen realisieren wird!

Die Kraft, die sich aus dem Glauben an die aus einem geistigen Ideal heraus geborene und vom Menschen durchgetragene Idee ergibt

Dieser Glaube, der nicht bloß in dem *Für-Möglich* oder *Für-Wahr-Halten* einer geistigen Wirklichkeit liegen kann, sondern in der inneren Sicherheit begründet sein will, dass ein geistiges Ideal, welches vom Menschen zu einem konkreten Gedanken ausgeformt und durchgetragen wird, eines Tages die Kraft entwickeln kann, sich auch irdisch zu realisieren, ist es, den der Mensch in einer Zeit, in der ihm überall immer mehr Negativität entgegenkommt, erringen will.

Johann Wolfgang von Goethe beschreibt diesen Gedanken und diese Erfahrung, die ihm in seinem eigenen Leben geläufig war, mit den Worten:

"Bis sich jemand verpflichtet hat, ist da ein Zögern, die Möglichkeit zum Rückzug [...] und immer Untauglichkeit. Über Entschlusskraft und Schöpfung gibt es eine grundlegende Wahrheit. Die Unkenntnis davon zerstört unzählige Ideen und großartige Pläne – und das ist, dass in dem Moment, da jemand sich endgültig verpflichtet, dann auch die Göttliche Vorsehung Einzug hält. Alle möglichen Dinge ereignen sich, um diesem zu helfen – Dinge, die sich sonst nie ereignet hätten. Ein ganzer Strom von Ereignissen ergibt sich aus der Entscheidung. Sie ruft für jenen, der die Entscheidung getroffen hat, alle möglichen unvorhergesehenen Vorkommnisse und Zusammenkünfte und stoffliche Hilfe hervor, von der kein Mensch sich hätte träumen lassen, dass sie auf diese Weise eintreffen würde. Was immer du tun kannst, oder wovon du träumst, du könntest es tun: beginne damit!

Kühnheit trägt Genius, Macht und Zauber in sich. Beginne es jetzt!" (Johann Wolfgang von Goethe, "Beginne jetzt" aus "Die Essenz der Verpflichtung")

Mit diesen Worten bringt Goethe vor allem auch den Aspekt des *„Sich zu einem Ideal Verpflichtens"* ins Spiel. Erst wenn der Mensch das Erarbeiten eines konkreten Ideals für sich zur höchsten Lebenspriorität gemacht hat, und er sich auch von keinen Emotionen oder äußeren Widerständen von diesem Ideal abhalten lässt, würden sich plötzlich unerwartete Dinge ereignen, die die Realisation dieses Ideals unterstützen.

Ein wertvolles Beispiel, welches die Kraft eines solchen Ideals deutlich macht, ist die Biographie des früheren südafrikanischen Präsidenten Nelson Mandela. Dieser verfolgte zeitlebens das Ideal eines würdigen Zusammenlebens von Menschen unterschiedlicher Hautfarbe. Diesem Ideal wollte er nach dem Vorbild Gandhis vollkommen gewaltfrei zu einer irdischen Realisation verhelfen. Auch in den langen, 27 Jahre andauernden Zeiten, in denen er im ehemaligen Apartheidstaat Südafrika wegen seines Kampfes für dieses Ideal ins Gefängnis musste, nutze er jeden Augenblick für die weitere Erarbeitung dieses Menschheitsideals der Achtung vor dem geistigen Funken jedes Mitmenschen. Das Hindurchtragen und konsequente Weiterbearbeiten dieses Ideals, welches er auch im täglichen Umgang mit seinen Mitmensch im Gefängnis ständig üben konnte, ermöglichte es ihm zuletzt in hohem Alter der Präsident eines neu gegründeten Staates zu werden, der die Apartheid in seiner Bevölkerung überwand.

Und so stellt sich heute die Frage, welches konkrete Ideal der einzelne Mensch in einer Zeit, in der die Niedergangskräfte sich täglich weiter steigern, erschaffen kann, um jene Kräfte des steten „Haben-Wollens", des Durchsetzen-Wollens der eigenen Machtinteressen oder auch Rechtsansprüche, die uns immer mehr in unserer eigenen Bedürftigkeitshülle ersticken wollen, durch einen neuen in der Weite geschauten und in die Weite führenden geistigen zukunftsweisenden Impuls überwinden zu können.

Der Verzicht auf jeden Willensanspruch an die Welt
oder
das geistige Ideal einer „bewussten Kapitulation"

In den letzten Wochen des Jahres 2021 sprach Heinz Grill in einer mündlichen Darstellung für den heutigen Menschen von der Notwendigkeit einer *bewussten Kapitulation* auf der Ebene jeden Willensanspruchs.

Angesichts einer drohenden Impfpflicht für Gesundheitsberufe, die ich selber ablehne, fühlte ich mich als Arzt damals stark in einer existentiellen Bedrohung und wurde in der Folge dieses Gefühls auch schwer krank. Die Krankheit aber will den Menschen immer zu einer neuen Erkenntnis führen. Was sollte diese neue Erkenntnis sein? Was war mit dieser *„bewussten Kapitulation"* auf der Ebene jeden Willensanspruchs gemeint? Sollte man tatsächlich einfach kapitulieren und weglaufen? Konnte mit Kapitulation hier tatsächlich die „Aufgabe" und damit die „Selbstaufgabe" gemeint sein?

Lange musste ich über diesen Gedanken nachsinnen; und immer wieder geriet ich gar darob in eine innere Dissonanz mit demjenigen, der ihn ausgesprochen hatte.

Schließlich musste ich schmerzlich bemerken, wie jene Dissonanz noch aus einer Kraft der Seele heraus resultierte, die sich noch immer aus einem Mangel an Glauben an die Kraft konkreter Zukunftsideale krampfhaft an dem Gewordenen festhalten will. Durfte ich einfach kapitulieren und meine langjährige Tätigkeit als Arzt beenden? Sollte ich wirklich mein Einkommen, meine gesellschaftliche Stellung als Arzt meine Praxis und all diejenigen Menschen, die ich nun so lange in ihrer Entwicklung begleitet habe, aufgeben?, schrie jene Seite in mir und bäumte sich mit aller Macht gegen jenen Gedanken auf. Was ich aber in der Bindung an jenes „Gewordene" übersah war, dass ein Loslassen von Altem, wenn es zugleich ein Zugehen auf weiterführende, geistige Ideale impliziert, immer einen Wert für das Ganze haben wird, und deshalb niemals ein Verrat an denjenigen Menschen sein kann, denen man verbunden ist.....

Heute sehe ich, dass Putin und mit ihm Russland an einer ähnlichen Stelle steht: Darf er es zulassen, wie sein eigenes Volk immer weiter vom Westen der Lächerlichkeit preisgegeben wird, ja wie der Westen Stück für Stück durch die verschiedenen Versuchungen und Versprechungen des Materialismus die Menschen in und um sein Land in die Magie eines freiheitsversprechenden westlichen Systems verstrickt, aus der sie sich kaum mehr befreien können? Darf er tatenlos zusehen, wie den Menschen vom Westen etwas vorgegaukelt wird, bei dem jene gar nicht mehr bemerken, wie das, was sie als Freiheit ansehen, in Wahrheit immer weiter auf das vollkommene Diktat der „Bedürftigkeit" zusteuert, in der der Mensch zuletzt zum geistlosen Teil eines geistlosen technokratischen Ganzen gemacht werden soll? Darf all dies sein russischer Vaterlandstolz zulassen, aus dem heraus er schon vor Jahren einmal gesagt hatte, es gäbe nichts, was dem russischen Volk so wichtig sei wie seine Würde? Darf er einfach hinnehmen, wie jener Westen sich Stück für Stück zunächst der Seelen und zuletzt auch immer stärker des Bodens der Menschen im Osten bemächtigt und diese nun auch noch mit einem immer enger werdenden militärischen Ring immer stärker in die Enge treibt? Doch wie sollte ein Loslassen und Zugehen auf neue, vom Westen unabhängigere wirkliche Ideale aussehen, die auch den Menschen in seinem Land Orientierung geben könnten, und die damit vor manchen materialistischen Versuchungen des Westens schützen würden? Wie könnten solche, eine neue menschliche Gesellschaft betreffende Ideale, aus denen heraus eine *wirkliche* Demokratie entstehen könnte, sich gestalten? Und wäre die Erarbeitung solcher Ideale nicht letztlich selbst unter Verzicht auf gewisse westliche Gebiete der größte Garant dafür, langfristig von immer mehr Menschen aus dem Westen geachtet zu werden, die sich von den inhaltslos gewordenen Ideen westlicher technokratischer auf der Macht des Geldes basierender Systeme abwenden und in diesen Idealen eine neue geistige Heimat finden könnten? Wäre also nicht diese Kraft langfristig der einzig wirklich wirksame Schutz davor, vom Westen und dessen aggressivem und expansiv-materialistischem Gesellschaftssystem politisch, wirtschaftlich und militärisch überrannt zu werden?

Offensichtlich aber sind all dies Fragen, die ein Staatsmann alleine niemals hätte beantworten können; vielleicht hat Putin sie angesichts der vielfältigen Belastungen und Verantwortungen, in denen er täglich steht, auch noch niemals in dieser konkreten Bewusstheit in seine Seele geholt. Wenn man sich mit dem inneren Wesen Putins aber beschäftigt und sich in jenes hereinzudenken, hineinzufühlen bemüht, kann man aber durchaus erleben, dass all diese Fragen zumindest geistig in ihm leben. Um sie aber voll ins Bewusstsein zu rufen, würde es einer Vielzahl von geistig geschulter Menschen in seinem Land und insgesamt in der Welt benötigen, die zu solchen Fragen Ideen entwickeln würden. So aber: Was blieb ihm übrig als das Gefühl sich mangels Alternativen doch um jeden Preis und unter Einsatz aller möglichen militärischen Mittel gegen jenes Unrecht einsetzen zu müssen, wie es auch schon seine Väter und Großväter getan hatten? Was blieb ihm übrig, als in der Suggestion des zwar vielleicht berechtigten, aber dennoch letztlich zerstörerischen Anspruchs zu bleiben? Was anderes sollte er tun in Ermangelung eines dritten Weges, wie er sich nur aus o.g. Fragen hätte ergeben können? Entweder er musste in Kauf nehmen, dass sein Volk zunehmend durch den wachsenden Druck der westlichen Einflusssphäre bedrängt und zuletzt vielleicht immer mehr ausgelöscht werden würde, oder aber er musste versuchen, stattdessen mit verzweifelter Militärgewalt die russische Sphäre vor dem heranrückenden Westen zu schützen....

So oder so aber, der eine wie der andere Weg wird entweder zum zerstörerischen Krieg aller gegen alle oder aber zu einer weiteren Ermächtigung des Westens führen müssen, der schon jetzt darauf zu warten scheint, Putin endlich als den „verwirrten Despoten" vor der Welt und seiner eigenen Bevölkerung entlarven zu können, auf dass bald eine neue Regierung in Russland an die Macht kommt, die die westlichen Interessen im Lande sicherstellt und damit die weitere Expansion des Westens in den Osten auf politischem Wege ermöglicht. Könnte es sein, dass auch das ein geheimes Ziel des in das neutrale Ukrainegebiet vorrückenden Westens war?

Der Weg in das Ideal, welches unabhängig von Gebietsansprüchen erarbeitet wird, wäre auch hier der einzig wirklich sichere Weg gewesen. Aber es fehlte jenem bisher der geistige Hintergrund, der von vielen Menschen vorrangig auch hier in Mitteleuropa zuerst gebildet werden müsste....

Wie Putins Entscheidung angesichts des wachsenden Drucks von allen Seiten auf ihn und mangels eines besseren Ideals derzeit ausgefallen ist, das wissen wir. Darüber hinaus lässt sich grauenvoll erahnen, wozu diese Entscheidung auf Dauer führen kann, wenn der Westen nicht seinen zerstörerischen Macht- und Dominanzanspruch aufgibt. Wir ahnen welch geschichtlichen Abgründe sich auftun können, wenn Deutschland nicht seine auf persönliche Vorteile heischende Bequemlichkeit und Passivität überwindet, um seiner historischen Verantwortung gerecht zu werden, ja wenn wir alle nicht bereit sind, den Anspruch des bequemen und passiven Recht-Haben-Wollens, welcher zuletzt die ganze Welt in den Materialismus und damit in die Zerstörung hereintreiben wird, dem Prinzip opfern, das Rechte denken zu wollen statt es zu fordern.

Wie aber wollen wir, wie aber will jeder einzelne in sich diese Frage handhaben? Wollen auch wir am Vergangenen festhalten, wo wir eigentlich wissen, dass es ohnehin bereits im Untergang befindlich ist, oder sind wir bereit, jenes einer neuen, größeren und freieren Idee, die in die Zukunft weist, zu opfern?

Immer klarer wurde mir gerade in der Auseinandersetzung mit dieser Frage, dass die Entscheidung, die jeder einzelne zu dieser Frage fällt, für das Ganze Gewicht haben wird. Ja es wurde mir klar, dass die Frage, ob die Akteure in der derzeit begonnenen Kriegskaskade sich wieder besinnen und ihren persönlichen Anspruch darauf „im Recht" zu sein selbst da, wo sie es vielleicht sind, einer größeren wirklichen Friedensidee opfern können letztlich davon abhängt, ob dieser Mut, diese Kraft in der Welt geistig vorhanden ist.

Die Frage, ob und in welchem Maße die Welt und damit jeder einzelne von uns bereit ist, *das Alte, freiwillig zu opfern* um einer neuen Idee Platz zu machen, wird also entscheidend sein für den weiteren Gang der Geschichte....

Die Erfahrung zeigt, dass überall da, wo wir das nicht freiwillig tun, ohnehin jenes Alte uns zuletzt mit Gewalt genommen wird, auf dass der Mensch wieder vor einem Nichts stehen muss. Wenn wir dann aber nichts Neues geistig erarbeitet und vorbereitet haben, wie soll der Mensch dann jemals aus diesem Nichts heraus, wieder erstehen?

Mit diesem zu opfernden Alten aber ist weniger etwas Äußerliches gemeint; vielmehr ist es ein Bild für ein inneres, in uns waltendes Suggestionswesen, welches uns in unserem eigenen Subjekt gefangen halten will und uns die Wirkungslosigkeit unserer Gedanken suggeriert. Dies tut es, indem es uns einredet, dass wir unsere Existenz als Mensch verlieren werden, wenn wir nicht ganz pragmatisch und „wirklichkeitsbezogen realitätsnah“ auf unsere ureigensten materiellen und leiblichen Bedürfnisse, wie sie uns unsere Emotionen und unser Körper vermitteln, hören.... *„Höre auf Deinen Körper und Deine Gefühle, wie sie aus diesem Körper heraus aufsteigen!“* so flüstern uns täglich die Wesen der modernen Psychologie, Naturwissenschaft oder auch Evolutionslehre in unser Unbewusstes ein. Aber was wird aus unserer Seele, aus unserem Geist, was aus der Menschheit, wenn wir jener Stimme stets aufs Neue folgen? Denken wir diese Stimme zu Ende, so wissen und sehen wir, dass jene uns über kurz oder lang in die Zerstörung des Ganzen führen muss. Wir erkennen dann:

Was wir opfern müssen ist der ewige, letztlich aus der Bequemlichkeit herrührende Zweifel an der Wirksamkeit unserer geistigen Gedanken.

Wie sollst du leben, wenn du nicht für dein persönliches Recht, deine persönliche Würde kämpfst, schallt es laut in uns und widerspricht ständig jener anderen Stimme in uns, die da sagt:

Wenn du nicht aufhörst deine Würde von anderen Menschen zu erwarten, und dafür zu kämpfen, dass sie dir gegeben wird, wirst du jene Würde und damit zuletzt auch dein Leben verlieren! Wenn du aber die geistige Würde entdecken lernst und diese dadurch zum Ausdruck bringst, dass du immer im freien Gedanken und in der freien Wahrnehmung für die Welt ansetzen lernst, ja dass dein Fühlen und Wollen sich nur von dem bestimmen lassen, was du als das Wahre, Schöne und Gute erkannt hast, selbst da, wo sich zunächst alles in dir dagegen sträubt, wenn du aufhörst dich von Emotionen und finsteren Willensmächten besetzen zu lassen, die dich nur in dir selber einsperren und ersticken lassen wolle, da wird durch dich die Würde geschaffen werden. Denn die Würde kann uns kein anderer Mensch je geben und auch niemals nehmen. Vielmehr hängt diese immer letztlich von uns selbst ab und von unserer Fähigkeit, selbst in Zeiten der größten Not niemals unser Anliegen für die Welt und das Gegenüber zu verlieren!

Heißt es doch bei Matthäus 16/25: *„Denn wer sein Leben retten will, der wird es verlieren; wer aber sein Leben verliert um meinetwillen, der wird es gewinnen!"*

Die frei gewählte Kapitulation jedes Willensanspruchs an die Welt, wie sie Heinz Grill also als Ideal für die Welt genannt hatte, ist nichts anderes als der Entschluss, jeden Anspruch, jede Erwartung an die Welt - und damit auch die Erwartung an das Negative sich zum Besseren zu verwandeln - in dem Wissen, dass dieser Anspruch letztlich immer zum Gegenteil führen wird, loszulassen. Stattdessen wollen wir lernen anhand von der Negativität, wie sie heute in der Welt wirksam ist, die Gedanken von dem, was nötig ist, also von dem, was an Schönem, Gutem und Wahren entstehen will, selber zu entwickeln.

Von dem Weg das Negative
für die Entwicklung eines Positiven zu nutzen

Rudolf Steiner beschreibt in einem Vortrag, wie der Mensch lernen könne, die Negativität für etwas Neues zu nutzen:

„Von der Beobachtung des Negativen in unserem Leben, das aber von der weisheitsvollen Führung unseres Lebens Zeugnis ablegen kann, bis zu der Beobachtung des webenden und wirkenden Engels in unserem astralischen Leibe ist ein gerader Weg, ein recht gerader Weg und ein sicherer Weg, den wir einschlagen können...." (Anmerkung 25)

Auch Heinz Grill beschreibt den gleichen Sachverhalt im Zusammenhang mit der heraufkommenden Coronakrise mit alle ihren, die Freiheit des Menschen einschränkenden Übergriffen und Maßnahmen in einem Aufsatz mit dem Titel „Die Stärkung der Immunkraft durch exakte Erkenntnisbildung zum Bösen". Er sagt dabei:

„Derjenige, der diese Erkenntnisformen gegenüber dem Negativen entwickelt, steigert nicht nur die Kräfte in seiner Immunabwehr, sondern er entwickelt eine Stellung im Leben, die um ein großes Maß freier gegenüber den irdischen Fesseln und Verhaftungen wird. Ein Atem des Außerirdischen und der Reinheit begleitet seine Seele. Er fühlt sich wie in einem Schutz der höheren Mächte und die negativen Kräfte durchdringen ihn nicht bis hinein in die leiblichen Tiefen. Die Auseinandersetzung mit dem Bösen schenkt ihm Souveränität und die Großzügigkeit einer universalen Liebe" (Anmerkung 26).

Nicht also bejammern und bekritteln wollen und sollen wir die Negativität sondern nutzen müssen wir sie für Erkenntnisse, aus denen heraus neue entwicklungsfördernde Zukunftsideen entstehen können. Denn das Bejammern sperrt uns letztlich in uns selbst und unserem eigenen Leid ein, wohingegen das Erarbeiten neuer Perspektiven uns in die Weite führen wird und damit weit hinausstrahlen kann in die Welt, die jene Kraft zur geistigen Orientierung dringend benötigt.

Mit dieser Form von „Kapitulation", die in Wahrheit ein Zugehen auf das Geistige ist und darauf zielt, den Gedanken in seiner *„Seinssubstanz"* zu erforschen und kennenzulernen, geben wir also jeden äußeren Anspruch auf Sicherheit, Gesundheit, Würde, äußere Freiheit und unser Recht auf. Wir ersetzen ihn stattdessen durch den geistigen Anspruch an uns selbst durch die Auseinandersetzung mit dem Negativen konkrete Zukunftsideale für die Welt zu schaffen und aus dieser Schaffenskraft heraus auch Würde, Freiheit und geistige Sicherheit in uns zu erlangen. Denn diese geistigen Ideale, werden es sein, die die Menschheit aus dem Abgrund herausführen können, wenn der Mensch sie geschaffen haben wird.

Indem wir so Stück um Stück alte Bindungen, alte Sicherheitsbedürfnisse loszulassen lernen um den gewonnenen Raum für die geistige Heranbildung neuer Menschheitsziele und Ideale zu nutzen, strahlen wir eine neue Möglichkeit, einen neuen Gedanken in die Menschheit hinein. Dieser Gedanke kann anderen Menschen helfen. Dort wo es aus dem „Haben-Anspruch" heraus keine Lösung mehr gibt als die „Unlösung" - also das Gefühl ein Recht darauf zu haben mit materieller oder psychologischer Macht und Gewalt oder auch einfach mit Hilfe von Forderungen die eigenen Ansprüche durchzusetzen – dort wo der Mensch sich durch dieses Festhalten am Recht bereits ins Unrecht setzen würde, und damit letztlich sich und der Welt nur schaden wird, da kann er plötzlich erkennen, dass nun etwas Neues ansteht... Dieses Neue aber ist, ein Ideal für den anderen Menschen und die Welt zu denken und das, was jener aus einer Schwäche heraus noch braucht, zu beachten.

Denn wo wir uns innerlich umwenden und so zu denken und zu handeln beginnen, wird sich immer eine für den jeweiligen Augenblick für alle gute Lösung finden lassen, die aus der Verhärtung herausführen kann.

Für die derzeitige Situation in der Ukraine wäre das z.B. zunächst entweder der konkrete Gedanke einer mit Konsens aller Beteiligten neutralen Ukraine und eines westlich geprägten Intermariums. Dieser Gedanke könnte sich sicherlich im Verlauf weiter entwickeln, wenn ein entsprechendes gegenseitiges Vertrauen durch diese innere Wende der Beteiligten wachsen würde.

Da diese Lösung im Moment aber angesichts der Verhärtung aller Beteiligten kaum greifbar erscheint, bliebe als Alternative ein Russland, welches das Ideal der *„bewussten Kapitulation jedes wenn auch noch so berechtigten Willensanspruchs"* für sich ergreift und sich etwas mehr in die Weiten des Ostens zurückzieht um dort in Ruhe an wirklichen Werten, wirklichen Idealen für eine neue, geistgetragene Gesellschaft zu arbeiten. Alles andere wird zunächst zur weiteren Verhärtung oder ewigen Kriegen führen.

Möglich wird eine wirkliche Lösung also nur, wenn einer der Beteiligten die oben beschriebene *„freiwillige Kapitulation jedes Willensanspruchs"* zugunsten einer verstärkten Idealentwicklung und aus dem Ideal heraus eine wirkliche Lösung schaffen zu wollen, auf sich nehmen würde. Dies wiederum wird nur möglich, wenn diese Kraft der „freiwilligen Kapitulation" als ein Gegenbild zu der immer wieder praktizierten „Selbstaufgabe" in der Systemanpassung oder Systemunterwerfung von einer ausreichenden Anzahl spirituell geschulter Menschen in der Welt verfügbar gemacht werden wird.

Die freiwillige bewusste Kapitulation jedes Willensanspruchs zugunsten der Entscheidung den eigenen Willen verantwortlich auf die Bildung von Zukunftsidealen zu richten und die „Selbstaufgabe" die Kapitulation vor dem System, die letztlich in der Systemunterwerfung endet, sind deshalb - auch wenn sie äußerlich manchmal kaum voneinander unterscheidbar sind - vollkommene Gegensätze von Licht und Finsternis.

Für den Westen wäre dieser Schritt eigentlich ein leichter, da hier offensichtlich ist, dass es um nichts Wirkliches geht, als darum einen irrationalen, ins *Nichts* führenden, letztlich zutiefst antidemokratischen Machtanspruch loszulassen und zugleich neue wirklich demokratische Ideen zu entwickeln. Beides wäre eine riesige Chance für die Weiterentwicklung der Menschheit, so dass es eigentlich hier nur darum ginge, ein „Nichts" loszulassen. Russland würde einen solchen Schritt des Westens mit tiefer Dankbarkeit annehmen und - ähnlich wie zur Zeit des Mauerfalls und zu den Zeiten als Putin seine Rede vor dem Deutschen Bundestag hielt – eine tiefe Freundschaft zum Westen suchen. Damit aber könnte es zugleich einen eigenen Weg hin zu einer wirklichen Demokratie finden. Leider liegt aber ein solcher Schritt für den an materielle Durchsetzung seiner wenn auch letztlich nichtigen Ziele gewohnten Westen im Moment fern. Denn wie soll man ein „Nichts" loslassen, wenn man mitten in diesem „Nichts" steht?

Für Russland dagegen wäre der Schritt einer freiwilligen und bewussten Kapitulation aus materialistischer Sicht ein scheinbar schwerwiegenderer; würde er doch bedeuten, das Risiko auf sich zu nehmen vom Westen im Verlauf zunächst doch überrollt zu werden, so wie es nach der Wende in Deutschland schon einmal geschehen war. Andererseits liegt ein solcher Schritt Russlands Naturell, das gewohnt ist, materielle Werte ein wenig relativ sein zu lassen und mehr auf geistige Werte zu setzen, deutlich näher als dem Naturell des Westens. Ohne das Mitwirken von einer Zahl von Menschen, die in sich das Prinzip eines wirklichen Idealismus, wie er in Deutschland einmal keimhaft in den Philosophen, Dichtern und Denkern angelegt war, zu einem Leben erwecken wollen und bereit sind dafür ihre alten Bindungen Stück für Stück zu überwinden, würde ein solcher Schritt nach dem derzeitigen Gang der Geschichte aller Voraussicht nach vom Westen wohl eher missbraucht werden:

Denn er könnte Gefahr laufen, dadurch noch stärker versucht zu werden, seine gesellschaftlichen, politischen und militärischen Hegemonialbestrebungen noch tiefer in den Osten hinein auszudehnen und zwar so lange, bis sie an ihrer eigenen Widersinnigkeit zugrunde gehen. Wenn aber die Kraft des Opfers und die Kraft der damit verbundenen Ideale groß genug ist, könnte gerade aus jenem Opfer heraus auch im

Westen ein tiefer Respekt vor der östlichen Geistigkeit heranwachsen, welcher der Garant dafür wäre, dass auch dieser Westen in ein allmähliches Umdenken kommen könnte.

Denn ohne geistige Vorbilder und Korrekturanregungen, die vom Menschen zur Frage nach dem sozialen Prozess errungen werden müssen, wird dem sich vom Westen nach Osten hin wuchernden im „Haben-Wollen" gegründeten antidemokratischen Machtwesen kein Einhalt geboten werden können....Wo immer wir aber angesichts solcher Bilder jetzt stattdessen in Umkehrung dessen, was gerade als das Bild „vom bösen Osten" überall kursiert, auf den „bösen Westen" zu deuten beginnen, da müssen wir erkennen, dass jenes materialistisch-expansive Wesen durch die Weigerung Mitteleuropas, diese geistig-spirituellen Ideale wirklich zu denken und sich aus Bequemlichkeit lieber den praktisch materialistischen Denkmustern des Westens anzuschließen, inspiriert ist.

Von der Kunst ein Problem in Ruhe zu lassen
und mit einem wirklich neuen Gedanken anzusetzen

In seinem Jahresvorblick auf das Jahr 2022 mit dem Titel *„Eine mathematische Skizze zum Karma der Gegenwart"* beschreibt Heinz Grill, wie diese Fähigkeit zur Idealbildung und zum Handeln aus Einsicht in geistige Ideale und Ideen anstelle eines Handelns aus Bequemlichkeit bislang überall in der Welt fehlt. Damit aber bleibt die Menschheit als Ganzes in alten Bindungen verhaftet, die nur zu einer steten Wiederholung und Steigerung des ewig Gestrigen führen können, also zu immer neuer Gewalt und Zerstörung. Gleichzeitig weist er immer wieder auf die grundsätzliche Möglichkeit einer geistigen Wende hin. Diese hängt letztlich immer davon ab, wieviele Menschen mit welcher Kraft der Entschlossenheit bereit sind, Bindungen an Sicherheiten und Ansprüche zugunsten einer geistigen Konzentrationsarbeit auf neue Ideale wirklich hinter sich zu lassen und damit sich selber und der Welt zu der Erfahrung zu verhelfen, dass jedes Loslassen von Bindungen zugunsten eines konsequenten Erarbeitens konkreter Lösungs- und Zukunftsideen zu einer Erkraftung und zu einem neuen Aufbau führen wird.

Dabei ist der Begriff „Lösungsideen" aber sogar ein gefährlicher, da er das Ziel impliziert, festgefahrene Problemsituationen lösen zu wollen. Schon alleine dadurch verhakelt sich der Mensch meist unmerklich mit seinem Willen in dieser Problemsituation und in seinen Gedanken wirkt die Sehnsucht und der Wunsch nach Lösung herein. Dadurch aber wird er in gewisser Weise noch immer zu stark von dem Problem selbst und seinem Begehren, dieses loszuwerden, bestimmt. Es fehlt ihm damit ein wirkliches Ideal zur

Erarbeitung neuer Perspektiven. Sobald das Problem wieder wegfällt, wird er wieder in sein altes passives Muster zurückfallen, so dass das Problem sich dadurch immer wieder wiederholen oder gar steigern wird.

Der Mensch braucht also ein Motiv jenseits des „Problems" für sein geistiges Ideenschaffen. Dieses aber muss letztlich die freudige Einsicht sein, dass ein solches Ideenschaffen ihn erst zu seiner wahren Menschenwesen führen kann.

Zukunftsideen entwickeln heißt deshalb eigentlich, das Problem selbst zwar zu erkennen, aber letztlich in Ruhe zu lassen, es also gewissermaßen geistig anzunehmen und in die Erkenntnis zu heben und dadurch für die Entwicklung von neuen, besseren, schöneren und wahreren Zukunftsideen zu nutzen (Heinz Grill: Die Kunst ein Problem in Ruhe zu lassen, in: Das Wesensgeheimnis der Seele). Indem wir das Problem in Ruhe lassen und nur noch zu verstehen suchen, entsteht in uns erst die Kraft für etwas Neues. Auf der Ebene des Problems geht es also tatsächlich darum, diese „freiwillige Kapitulation jedes Willensanspruchs", von der Heinz Grill spricht, vorzunehmen, indem wir den Anspruch, das Problem lösen zu *müssen*, loslassen und dieses erst einmal als solches annehmen und damit genau betrachten. Wie oft beobachten wir nämlich genau dieses Phänomen, dass in dem Moment, in dem wir von einem Problem Abstand nehmen, nachdem wir es eine Weile auf das Intensivste studiert haben, plötzlich die Lösung vor uns steht?

Der Schritt der freiwilligen Kapitulation kann dabei konkret auf zwei Weisen getan werden, die sich äußerlich scheinbar unterscheiden aber geistig gesehen ähnlich wirken:

Der Mensch kann sich in Abhängigkeit von dem, wo er in Hinblick auf seine geistige Entwicklung steht, entweder aus einem Abstand heraus dazu entschließen z.B. eine problembeladene Tätigkeit, die er derzeit ausübt, noch einmal vollkommen neu und mit größeren Idealen in Angriff zu nehmen. Widerstände, die sich zuvor ergeben haben, werden plötzlich dadurch relativ oder können mit Leichte überwunden werden, da aus der Kraft dieses neuen Ideals freiere Ideen zur Bewältigung zur Verfügung stehen. Je nach der Konzentrationskraft, mit der er sein Ideal erarbeitet und geistig verfolgt, kann der Mensch auf diese Weise durchaus um sich herum vollkommen neue Formen schaffen, die in dem alten System wie leuchtende Inseln hervorstrahlen. Meist entsteht im Verlauf solcher Schritte bald der Wunsch der Seele, diese neu gefundene erste Freiheit noch weiter in die Realisation zu bringen, so dass sich in der Folge dieses Wunsches in der Regel nach einer Weile neue Widerstände auftürmen, die den Anlass zu einer weiteren Idealbildung geben wollen. Diese hängen auch damit zusammen, dass wir die Idealbildung, aus der heraus wir aus dem Abstand neu in das Feld hineingegangen waren, in der Regel nicht mehr weiterbetrieben haben, weil sich das Feld für eine Weile für uns merklich entspannt hatte. Das Wiederaufkommen von neuen Widerständen erinnert uns also gewissermaßen daran, dass wir unserem Wege der Idealbildung nicht treu geblieben sind.

Ein anderer Weg besteht darin, an den Widerständen ein neues Ideal für die Arbeit zu kreieren und aus diesem heraus, das alte System vollkommen hinter sich zu lassen. Der Entschluss dieses Ideal konsequent und ohne Bindung an das Alte weiterzuverfolgen, ist hier die tragende Kraft, aus der heraus der Mensch Erstaunliches „jenseits des alten Systems" erschaffen kann. Je freier dabei das Ideal, je mutiger das Opfer überwundener Bindungen, desto größer wird dabei die geistige Kraft und auch der äußere Erfolg dieses neuen Impulses ausfallen.

Freiwillige Kapitulation aller Willensansprüche an die Welt, bedeutet demnach nicht unbedingt, alles Äußere, was uns bislang begleitet hat, wegwerfen zu *müssen*. Allerdings kann es tatsächlich manchmal sehr wertvoll sein, unnötigen Ballast dabei abzuwerfen. Vielmehr geht es darum, die inneren Bindungen, die uns fixieren und aus denen Ängste und Emotionen resultieren, zu erkennen und zu überwinden.

Entscheidend für die Kraft, die ein neuer geistiger Impuls freisetzen wird, sind also die Motive, welche uns bei jenem leiten. Sind diese Motive noch Bindungen wie Sicherheitsbedürfnisse, Ängste, materielle Ansprüche oder auch seelische Ansprüche wie z.B. der Anspruch Recht zu bekommen, so wird in der Regel keine wirkliche Kraft durch diesen Impuls freigesetzt. Liegt aber das Motiv in einem frei durchdachten und erarbeiten immer weiter ausreifenden geistigen Ideal, und gelingt es dem Menschen auch bei der materiellen Umsetzung des Impulses mit diesem Ideal vollbewusst verbunden zu bleiben, indem er jenes immer wieder durch die Fähigkeit der aktiven und wachen Konzentration in der Seele geistig schaut und weiterentwickelt, so kann von einem solchen Impuls eine große Kraft für das Weltenganze ausgehen. Zugleich wird ein solcher Impuls auch eine gewisse Schutzwirkung vor Kräften der Negativität genießen, da er von der geistigen Welt mitgetragen wird (Anmerkung 27).

Persönliche Nachbemerkung
anlässlich der aktuellen Situation

Persönlich habe ich beschlossen, die nahende Impfpflicht, die mir als ungeimpften Arzt nach dem 15.3.2022 potentiell verunmöglichen wird, noch in eigener Praxis tätig zu sein, zum Anlass zu nehmen meine persönliche Bindung an eine Praxistätigkeit genauer in Betracht zu nehmen und für die Frage zu nutzen, was in dieser gesellschaftlichen Tatsache der Ausgrenzung von Ungeimpften - und neuerdings auch von Russland- oder gar Putin-Verstehern - an neuen Ideen geboren werden will. Die derzeitige politische Lage macht ohnehin jede Aussicht auf eine ruhige und sichere Tätigkeit im Sinne des Gewohnten in den kommenden Jahren, wie sie von den behäbigen Anteilen in der Seele des Menschen herbeigesehnt wird, zunichte. Die Aussicht auf große wirtschaftliche und soziale Schwierigkeiten, Mangelzustände angefangen bei der Versorgung der Bevölkerung mit Gütern, Lebensmitteln und Energie in Form von Gas, Strom und Benzin, bis hin zu schweren kriegerischen Auseinandersetzungen rücken immer näher an uns heran und lassen jeden Wunsch danach, einfach in gewohnter Weise unser altes Leben weiterführen zu können wie eine Seifenblase zerplatzen. Eine große innere Beweglichkeit und Flexibilität, wie sie nur aus einem freien Geist und der Fähigkeit zum schöpferischen Denken heraus möglich sind, werden in der Zukunft entscheidend für den Gang unserer Leben sein.

Die *„Kapitulation jedes Willensanspruchs"* möchte ich für mich so begreifen, dass ich nicht für das Recht, diese Praxis um jeden Preis weiterführen zu dürfen, kämpfen werde. Wenn die Gesellschaft das tatsächlich in der nahen Zukunft verunmöglichen sollte, was bislang meines Erachtens noch nicht sicher entschieden ist, werde ich es annehmen und nicht an dem Anspruch festhalten, diese um jeden Preis weiterführen zu dürfen, weil dieser Anspruch ohnehin niemals zum Erfolg führen kann. Vielmehr will ich die Situation zum Anlass nehmen, dem geistigen Anliegen noch stärker treu zu werden, forschend und mit den Menschen im Einzelgespräch oder auch in Gruppen zusammenwirkend an konkreten geistigen Fähigkeiten und Idealen, wie sie für die Zukunft jedes einzelnen und der Gesellschaft nötig sind, zu arbeiten.

Ohne diese geistige Arbeit, die jeder einzelne immer besser erlernen will, ist meiner Erfahrung nach eine wirkliche Gesundheit für den Menschen und zuletzt gar ein Überleben ohnehin nicht mehr möglich, so dass dieser Ansatz letztlich auch ein urärztlicher Ansatz ist. Ja oftmals ist es so, dass das zu starke „Fixieren" auf die Krankheit (also das Fixieren auf das Problem) geradezu die Überwindung derselben verunmöglicht, während durch das Erarbeiten übergeordneter Lebensideale, die für das Ganze der Welt Bedeutung haben können, die Krankheit auf die natürlichste Weise ganz nebenbei überwunden wird (Anmerkung 28).

Die äußeren Formen, wie und wo eine solche Arbeit für den Fall, dass das Arbeiten in der Praxis wegen der Impfpflicht in Bälde verunmöglicht werden sollte, stattfinden kann, erscheinen mir dabei zunächst sekundär, zumal die Zukunft vermutlich ohnehin die besagte Flexibilität erforderlich machen wird. Letztlich können diese Formen sich nur aus der inneren Notwendigkeit dieses Ansatzes heraus allmählich durch entsprechende Gedankenbildung entwickeln.

Anmerkungen:

Zum Titelbild: Das Titelbild entstammt einem Vortrag des US Amerikanischen Politberaters und Geostrategen George Friedman aus dem Jahr 2015, bei dem dieser das geostrategische Vorgehen der USA in Europa erklärt (s. auch Anmerkung 5).

Anmerkung 1:

Das Massaker an russisch-sprachigen Demonstranten, die sich nach dem Sturz der Regierung 2014 in der ukrainischen Hafenstadt für den Erhalt ihrer Minderheitenrechte einsetzten, ist bis heute historisch vom Westen nicht aufgeklärt worden. Umfangreiche Recherchen, wie sie gerade im dritten Link dargelegt werden, zeigen, dass der Angriff auf die prorussische Bevölkerung von der neuen Regierung nicht nur zugelassen, sondern sogar unterstützt wurde, und dass von Seiten der Behörden kein Versuch unternommen wurde die Betroffenen mit Hilfe von Polizei oder Feuerwehr vor den Angriffen der ukrainischen radikalen Nationalisten zu schützen. So befremdlich Putins Wort von dem sogenannten Völkermord, der an der russischsprachigen Bevölkerung im Lande vorgenommen wird, auf den ersten Blick erscheint, so sehr kann man seine Sorge angesichts solcher Hintergründe und Bilder verstehen.

https://www.youtube.com/watch?v=MFJAvX6WsiA
https://www.youtube.com/watch?v=vJss1KVjji0
https://www.youtube.com/watch?v=GnW32h7osPk

Anmerkung 2:

Seit 2014 sind laut OSZE Bericht 75% der getöteten Menschen in der Ostukraine russisch-sprachige Zivilisten, die durch die Ukrainische Armee ums Leben gekommen sind.
https://www.anti-spiegel.ru/2020/osze-bericht-75-der-zivilen-opfer-des-krieges-in-der-ukraine-sind-opfer-der-regierungstruppen/)
Ein Film über die Situation im Osten der Ukraine seit 2014:
https://nuoflix.de/ukrainian-agony--der-verschwiegene-krieg

Anmerkung 3:
Der Gedanke, was eine freiheitlich demokratische Grundordnung ist und ob dasjenige, was wir dafür halten tatsächlich diesem Ideal entspricht, sollte für den, der so spricht auch durchaus einmal selbstkritisch gefasst werden. In Putins Wahrnehmung und auch in der Wahrnehmung vieler westlicher Bürger haben sich die Demokratien in unseren westlichen Gesellschaften in den letzten Jahren zunehmend entdemokratisiert oder hatten im schlimmsten Fall eigentlich nie ihren Namen verdient. Durch die enge Verknüpfung weniger mächtiger Finanzkonzerne mit Medien und Politik beobachten wir ja tatsächlich ein Phänomen, dass nur noch diejenigen Sichtweisen und Meinungen in der Gesellschaft und auch in der Politik zugelassen werden, die diesen Finanzinteressen entsprechen. Abweichende Sichtweisen wie z.B. die Sichtweise, dass Lockdown und Maskenpflicht wie auch die neuartigen Coronaimpfstoffe die Menschen kränker machen und erheblich schwächen statt sie vor Krankheit zu schützen, aber auch das in diesem Aufsatz vorgebrachte Anliegen die russische Position in dem Konflikt verstehen zu wollen, werden ja inzwischen von unseren Medien weitgehend tabuisiert, sanktioniert und zensiert, und diejenigen, die sie vertreten gesellschaftlich geächtet. Vor diesem Hintergrund das westliche Modell als demokratisches Erfolgsmodell einem autoritären Russland gegenüberzustellen, welches sich unter der Führung Putins in vielen Aspekten darum bemüht, die Macht und Einflussnahme des Kapitals auf die Gesellschaft einzudämmen, kann eigentlich von keiner um das Anliegen einer wirklichen Demokratie ringenden Regierung als richtig angesehen werden. Eine solche Haltung projiziert vielmehr auf die andere Seite, indem es „auf den Splitter im Auge des andern" zeigt, ohne den „Balken im eigenen Auge" ins Bewusstsein zu nehmen.

Anmerkung 4:
https://www.youtube.com/watch?v=C9-oJhuYIOI

Anmerkung 5:
Das US-Magazin Barron's bezeichnete Stratfor aufgrund seiner nachrichtendienstlichen Eigenschaften 2010 als „Schatten-CIA", siehe Wikipedia: https://de.wikipedia.org/wiki/Stratfor

Die Rede von George Friedman findet sich hier: (https://www.youtube.com/watch?v=gcj8xN2UDKc)

Anmerkung 6:
Das Prinzip des „Divide et Impera" stammt aus dem alten Rom und stellte eine dort häufig angewandte Militärtaktik dar, welches Rom auch zuletzt im Kampf gegen das mächtige nordafrikanische Karthago, welches Rom als Konkurrent um die Macht im Mittelmeerraum im Wege stand, siegreich hervorgehen ließ. Das Vorgehen sah so aus, dass man den Gegner in sich schwächte, indem man dort verschiedene ethnische Gruppen durch Lügen und Verleumdungen so gegeneinander aufbrachte, dass diese sich zuletzt selbst bekriegten. Das derart geschwächte Karthago konnte auf diese Weise im Verlauf von den Römern dem Erdboden gleich gemacht werden. Während bei diesem Prinzip also die Kenntnis über die Schwächen der anderen Seite dazu genutzt wird, um diese Seite zu schwächen und zuletzt zu zerstören, wird es in der Zukunft darum gehen, die Schwächen der Mitmenschen zu kennen und zu berücksichtigen und zugleich das Potential des anderen Menschen zu fördern.

Anmerkung 7:

Die Suggestionsgestalt
ein Text von Heinz Grill

Hüte Dich, Du kleiner Menschengeist
und bleibe gläubig blind in meinem Geleit.
Ich bin die hehre Suggestionsgestalt,
die lebt durch Deinen unbewussten Halt.
Ich regiere und beherrsche Dich,
obwohl Du geistig größer bist als ich.
Meine Waffe ist die Manipulation,
zu kompensieren meine mindre Position.
Zuletzt wirst Du tragen meine Schuld,
bitter ist er, dieser moderne Kult.
Oh weh, wie faszinierend genial,
Suggestion ist nicht trivial.

https://www.youtube.com/watch?v=6ZRM54JSGpc

Siehe auch „das dunkle Schattengespenst im Kosmos" im Ausblick auf das Jahr 2021 von Heinz Grill
https://heinz-grill.de/gewissen-kultur-2021/

Anmerkung 8:
Auch bei dem gerade in der Gegenwart immer stärker um sich greifenden Prinzip des Mobbings wird das Opfer dadurch geschwächt, dass man es zunächst eine Weile drangsaliert, ausgrenzt und durch Lügen verleumdet, und zugleich alle, die sich ihm annähern unter Druck gesetzt werden. Dies dauert so lange an, bis zuletzt keiner es mehr wagt, sich an dessen Seite zu stellen. Das derart in die Enge getriebene Opfer wird angesichts dieser Ausgrenzung in aller Regel irgendwann so verzweifelt sein, dass es zum Gegenschlag ausholt. Während aber die vorbereitenden Ausgrenzungen mehr im Verborgenen geschehen und deshalb von der Öffentlichkeit meist nicht gesehen werden oder aber als harmlos

angesehen werden, da sie ja nur verbaler – genauer gesagt – psychologischer Natur sind, wird der Gegenschlag des Opfers sehr wohl wahrgenommen, so dass das Opfer dadurch zum Täter gemacht wird. Das Opfer hat nur dann eine Chance dieser Falle zu entkommen, wenn es sich dieser Strategie bewusst ist und zugleich jede Erwartung, die er an die Ausgrenzenden hegt, in sich überwindet. Dies wird ihm in der Regel nur dann gelingen, wenn er sich von denselben durch das Realisieren eigener Ziele und Inhalte unabhängig macht und sich damit in der Regel neue, freiere Beziehungen für ihn auftun.

Anmerkung 9:
Dass der Westen tatsächlich Russland im Gegenzug zu der Möglichkeit der Deutschen Wiedervereinigung erhebliche Sicherheitsgarantien und Zugeständnisse gegeben hat, die auch einen Verzicht auf eine Nato-Osterweiterung bedeuteten, geht aus folgendem Interview mit dem damals amtierenden deutschen Außenminister Hans-Dietrich Genscher hervor.
https://www.youtube.com/watch?v=zoWyEYmRqqM

Auch in dem folgenden Video, in welchem der ehemalige Bundeskanzler Kohl über die entstehende Freundschaft mit Russland berichtet, wird deutlich dass eine militärische Expansion in Richtung Russland nicht im Sinne Deutschlands gewesen sein konnte.
https://www.youtube.com/watch?v=bi3uJ_-ssdk

Anmerkung 10:
Der erfolglose Alpenfeldzug des russischen Generals Suchorow, der im Rahmen des zweiten Koalitionskrieges zwischen 1799 und 1801 gegen Frankreich stattfand und das Ziel hatte, die Schweiz von den Franzosen zu befreien, wie auch eine kurze Weile der politischen Einflussnahme bis nach Frankreich im Anschluss an den Niedergang der Grand Armee in Russland sind hierfür historischer Ausdruck.

Anmerkung 11:
Dass Lenin mit dem Einverständnis Deutschlands im verschlossenen Eisenbahnwagon nach Russland gebracht wurde, weil man von ihm und der von ihm ausgehenden Idee des Kommunismus eine Destabilisierung und damit auch militärische Schwächung des Landes erhoffte, ist offenkundig. Dass aber auch britische Kräfte ein großes Interesse hatten, die letzte Zarenfamilie Russlands zum Sturz zu bringen und in Russland eine kommunistische Revolution auszulösen, ist weniger bekannt.

Historische Tatsachen wie z.B. die Ermordung des russischen Volksheiligen und Vertrauten der Zarenfamilie Rasputin durch das Mitwirken des britischen Geheimdienstes sind kaum im Bewusstsein der Menschen und verdienten der Beachtung: Rasputin hatte sich während des ersten Weltkrieges stark für einen Friedensschluss Deutschlands mit Russland engagiert, so dass er England schon von daher ein Dorn im Auge war. Zugleich trug der Mord an ihm maßgeblich zu der Aufwiegelung der russischen Bevölkerung gegen den Zar und damit zum Sturz und Tod der Zarenfamilie und die Machtergeifung der Kommunisten in Russland bei.

Auch gibt es aus britischen Geheimarchiven europäische Karten aus der Zeit vor dem ersten Weltkrieg und damit auch vor der russischen Revolution, bei denen die Teilung Europas und die Teilung Deutschlands bereits eingezeichnet wurde, und die östlichen Teile mit dem Zusatz versehen sind „Raum für sozialistische Experimente". (Siehe Renate Riemeck: Mitteleuropa – Bilanz eines Jahrhunderts, Ausgabe 1997, Seite 29)

Anmerkung 12:
Sowohl die Gespräche, die der damalige deutsche Bundeskanzler Helmut Kohl mit dem damaligen russischen Präsidenten Michael Gorbatschow führte, ehe Russland die deutsche Wiedervereinigung ermöglichte, als auch eine Rede des jungen Putin vor dem Deutschen Bundestag, zeigen die redlichen Friedensbemühungen des Russlands

zum ausgehenden 20. Jahrhunderts. Mit seiner Rede, die er 2001 auf Deutsch hielt, streckte er Deutschland regelrecht bittend die Hand zum Friedensgruß hin und musste doch zugleich erleben, wie ihm von vielen Abgeordneten des Bundestages mit Antipathie und Ablehnung begegnet wurde, ja wie seine Friedensbemühungen im Verlauf regelrecht an den verhärteten Sichtweisen auf Russland abprallten.

Helmut Kohl zu seiner Begegnung mit Michael Gorbatschow:
https://www.youtube.com/watch?v=DRVyDpyqUP4
Putins Rede als junger Präsident vor dem deutschen Bundestag am 25.9.2001: https://www.youtube.com/watch?v=F0_0WqUuh9E

Auch die Russland Expertin und Publizisten Gabriele Krone Schmalz spricht davon, dass Putin während seiner ersten Amtszeit eine große Chance für Deutschland und Europa war, die nicht ergriffen worden ist. **https://www.youtube.com/watch?v=yzLiwWVZCOk**

Anmerkung 13:
Die Maidan Revolution 2014 wird gemeinhin als der friedliche und erfolgreiche Versuch des Volkes angesehen, sich des prorussischen Herrschers Janukowitsch zu entledigen. Im Rahmen dieser Demonstration auf dem größten Kiewer Platz Maidan kam es jedoch zu massiver Gewaltanwendung. Maskierte Scharfschützen schossen wahllos in die Menge und töteten sowohl pro- als auch antirussische Demonstranten. Die offizielle Erklärung der neu gewählten prowestlichen Regierung war diejenige, dass die Scharfschützen Soldaten der alten Janukowitschregierung gewesen seien, die darauf angesetzt gewesen seien, die Revolution mit Gewalt zum Erliegen zu bringen. Schon früh jedoch kamen erhebliche Zweifel an dieser Interpretation auf: Es fanden sich zahlreiche Hinweise darauf, dass die Schüsse, die letztendlich zum Sturz der alten Regierung wesentlich beitrugen, da sie das Volk gegen Janukowitsch aufheizten, von prowestlichen Scharfschützen ausgegangen waren. Es fällt auf, dass selbst die prowestlichen Medien wie z.B. der Spiegel diese

Zweifel zunächst thematisierten und entsprechende Beweise vorlegten, dass aber einige Jahre später die Zweifel von den gleichen Medien wieder vom Tisch gefegt wurden, so dass heute jeder ein Verschwörungstheoretiker ist, der die offizielle Behauptung hinterfragt, es sei die Regierung Janukowitschs gewesen, die die Scharfschützen angeheuert hätte.
https://www.youtube.com/watch?v=Zm8duuDhvys

https://www.youtube.com/watch?v=r0EWMg91CU0

Anmerkung 14:
Entgegen der Zusicherung des Westens nach der Deutschen Wiedervereinigung keine Expansion in Richtung der russischen Grenze zu unternehmen, erweitert sich die Nato Schritt für Schritt gen Osten. https://de.wikipedia.org/wiki/NATO-Osterweiterung

Selbst in Ländern, die nicht Teil der Nato sind und unmittelbar an Russland angrenzen wie Georgien und die Ukraine wird eine Mitgliedschaft mit der Nato in Aussicht gestellt. Zugleich finden dort ungeachtet aller russischen Sorgen gemeinsame Truppenübungen mit der Nato statt.
https://www.youtube.com/watch?v=r0EWMg91CU0

https://www.spiegel.de/ausland/ukraine-kuendigt-gemeinsame-militaeruebung-mit-nato-an-a-a8091c37-5310-4972-adf1-10f2e1edf3d3

Anmerkung 15:
Häufig wird in diesem Zusammenhang ja von Seiten US-kritischer Kreise auf das Wirken bestimmter US amerikanischer Think-Tanks oder gar konspirativer Logen hingewiesen, welche die Vormachtstellung der USA in der Welt und einen Umbau der Gesellschaft im Sinne einer neuen totalitären Weltordnung vorantreiben wollten. George Friedman könnte aus einer gewissen Sicht ja als ein Repräsentant solcher Think Tanks angesehen werden,

die anstreben mit ihren Gedanken die Ziele der Welt zu lenken. Gerade deshalb aber sind er und seine Zitate in dieser Broschüre einmal in den Blick genommen worden. Zeigen doch auch selbst seine Äußerungen, dass auch in diesen Kreisen die geistige Position Deutschlands als zentral angesehen wird, so dass hier einerseits von einer gewissen Berechenbarkeit der deutschen Haltung ausgegangen wird (Bislang ist es den USA noch immer gelungen Deutschland auf seine Seite zu ziehen), andererseits aber die Frage danach, wie Deutschland sich in der Zukunft wohl positionieren wird, immer wieder als offen erlebt wird.

Umso mehr sollte und dürfte gerade der Deutsche sich niemals von dem Gefühl der Ohnmacht gegenüber solchen irrationalen und zerstörerischen amerikanischen Hegemonialabsichten durchdringen lassen. Vielmehr sollte er sich auf sein geistiges Potential besinnen, durch geistige Erkenntnis, Empathie und die Kraft der Idealbildung vermittelnd und entwicklungsfördernd in der Welt tätig sein zu können. Hört er aus dieser Kraft heraus auf die Worte Friedmans, so wird er neben dem Wesen, welches an einem Frieden gar kein Interesse hat, weil es sich durch den Krieg Vorteile erhofft, erkennen, dass auch Friedman versteht, dass es im Moment für einen Weltfrieden eine neutrale Ukraine und eine prowestliche Europäische Pufferzone braucht.

Aus dieser Erkenntnis heraus, wird er jenes Wesen, welches den Krieg in Europa will, zurückweisen und sich gegen alle irrationalen Kräfte, die der Ukraine ihren neutralen Status rauben wollen, geistig mit dem Gedanken aufrichten, dass er dies aus seiner historischen Verantwortung heraus sich und der ganzen Welt schuldig ist, um eine abermalige Katastrophe riesigen Ausmaßes zu verhindern.

Anmerkung 16:

Aus einer materiellen Sicht könnte man sagen, dass Deutschland diesen Sicherheitsgürtel, welcher im Bedürfnis der US Amerikaner liegt, auf Dauer nicht tolerieren dürfe, da es ja nicht sein könne, dass Deutschland sich so einen Übergriff von Seiten der USA gefallen lasse. Schließlich sei es ja seine eigene Entscheidung, mit wem es Bündnisse eingehen wolle. Aus einer mehr geistigen Perspektive stellt sich aber in dem Impuls der USA hier einen Riegel zwischen Deutschland und Russland schieben zu wollen, das – wenn auch irdisch noch kaum erlebbare – Anliegen dar, Deutschland vor einer Gefahr, und einer Versuchung zu bewahren. Auch wenn der Amerikaner sich dieses Motivs vermutlich kaum oder gar nicht bewusst ist, sondern mehr aus dem Motiv der Angst vor Machtverlust bestimmt wird, so liegt es doch in seinem geistigen Potential, seinem geistigen Wesen angelegt. Denn der Amerikaner will aus geistiger Sicht eigentlich verhindern, dass Deutschland durch die unermesslichen Schätze und Weiten Russlands versucht wird, sich jener zu bemächtigen. Stattdessen möge es seiner allgemeinen Weltenaufgabe nachkommen und diese ist, die verschiedenen Nationen in ihren Qualitäten zu erkennen und so zu fördern, dass diese zu einem guten Miteinander kommen können. Wenn der Deutsche diese Fähigkeit erlangt haben wird, kann auch der Amerikaner darauf verzichten noch einen äußeren Sperrriegel zwischen Deutschland und Russland errichten zu müssen.

Ebenso könnte dieser Sperrriegel auch einmal aus der Perspektive derjenigen Völker betrachtet werden, die in dieser Zone liegen. Auch diese sind schließlich von den Expansionsbestrebungen eines großmächtigen Deutschlands betroffen gewesen. Vor allem Polen hat ja in der Geschichte miterleben müssen, wie es zwischen Deutschland und Russland regelrecht zerquetscht wurde; so haben auch diese ein berechtigtes Interesse, vor einer zu engen sie überrollenden Allianz von Russland und Deutschland geschützt zu werden, solange Deutschland die Gefahr und Versuchung der Eigensucht nicht gänzlich überwunden hat. Auch sie werden

Deutschland erst vertrauen können, wenn dieses dadurch zu seiner eigentlichen Identität findet, dass es durch seine Kraft des Denkens und der Philosophie anderen Ländern in ausgewogener und unparteiischer Weise zu ihrer Identität verhilft statt sich selber auf falsche Weise erhöhen zu müssen.

Diese geistige Betrachtung, die sich nicht unmittelbar aus der Beobachtung der materiellen Verhältnisse ergibt, erfordert beim Beobachter eine gewisse Grenzüberschreitung. Anstatt nur darauf zu blicken, was gerade materiell vorhanden ist, muss dieser dabei den Blick mehr auf das richten lernen, was eigentlich von einer geistigen Warte her gemeint ist, also auf das, was z.B. die USA geistig eigentlich wollen, was sie aber im Moment aufgrund verschiedener Ängste und Bindungen noch nicht so leicht realisieren können. Der Mensch muss also lernen, diejenigen Dimensionen und Potentiale, die mit einer Sache geistig verbunden sind zu entdecken und so zu ergründen, dass sie in ihm zu einer konkreten Zukunftsvision heranreifen können. Denn: Wenn man gegen eine große Lüge – man könnte auch sagen gegen einen großen Missstand oder Mangel - antreten möchte, *„braucht das Bewusstsein ein hervorragendes und ausgestaltetes geistiges Potential. Was oder welche Dimension lebt in einem tatsächlich gegebenen und durch den Menschen wirkenden geistigen Potential? Diese Frage erfordert eine konkrete, bis in das Detail gedachte Vision.“* (Heinz Grill in dem Aufsatz *„Welche Dimension hat in der heutigen Zeit bleibenden Bestand?“* in dem er einen für die Gegenwart dringend nötigen Weg des Menschen beschreibt, durch den dieser die Fähigkeit erlangen kann, *„sich in der Ideenkraft des Geistes zu finden und seine Idee bis in die irdische Welt herabzuführen“* https://heinz-grill.de/geistige-heimat-gegen-lugen/

Anmerkung 17:
In einem leider inzwischen bei YouTube nicht mehr auffindbaren Video äußert sich Putin noch in der Zeit vor der Ukrainekrise einmal umfassend über die Beziehungen zwischen den USA und Russland.

Dabei spricht er davon, dass diese Länder sich durchaus gegenseitig ergänzen könnten, obwohl oder gerade weil sie sehr polar sind. In den USA gäbe es für die Menschen nichts Schlimmeres als beispielsweise die Vorstellung Hunger erleiden zu müssen. Der Russe sei an derartigen Mangel gewohnt, so dass er damit leichter umgehen könne. Ihm dagegen sei seine Würde sein höchstes Gut. Wo immer man versuchen würde, ihm diese zu nehmen, würde der Russe bereit sein alles dafür zu geben, selbst sein Leben. Durch diese Kraft alleine habe der Russe den Angriff Hitlers abgewehrt. Da also der Russe mehr eine Affinität zu spirituellen, der Amerikaner dagegen zu mehr materiellen Werten habe, könnten diese beiden sich in ihren Fähigkeiten eigentlich sehr gut ergänzen. Jedoch habe der Amerikaner sich in der Geschichte dreimal derartig mit Schuld beladen, dass er diese zunächst überwinden müsse, ehe er in der Lage sei auch auf Russland zuzugehen. Entsprechend seien alle Friedensbemühungen Russlands mit den USA einen nachhaltigen Weltfrieden auszuhandeln, der auf dem Miteinander der unterschiedlichen Völker fußt und keine Dominanz durch die eine oder andere Partei beinhalte, bislang am Widerstand der Amerikaner gescheitert. Die drei Handlungen, durch die sich das Amerikanische Volk mit Schuld beladen hätten, seien erstens der Genozid an den indianischen Ureinwohnern, zweitens die Versklavung der Schwarzen und drittens der Abwurf einer Atombombe auf ein Volk, welches eigentlich schon besiegt war (gemeint ist der Abwurf einer Atombombe auf Japan). Putins Auffassung zufolge könne der Amerikaner erst dann wieder zu seiner Würde finden, wenn er jene historische Schuld zu erkennen bereit ist.

Die deutsche Sichtweise auf diese Dinge muss aber letztlich – so verständlich Putins Sicht auf die Dinge ist – eine andere werden: Der Deutsche muss aus seiner historischen Verantwortung für die Welt, und der Kraft seines Idealismus heraus erkennen, dass ein Mensch oder ein Volk eine Schuld nur dadurch erkennen, ablegen und überwinden kann, wenn es sich seiner vollen geistigen Aufgabe für die Welt bewusst wird und in der Erfüllung derselben seine Würde finden kann. Deshalb muss es Anliegen des Deutschen sein, sowohl die russische als auch die US-Amerikanische Aufgabe in der Welt zu erkennen und durch den Glauben an dieselbe die jeweiligen Völker so zu stärken, dass sie zu dieser Aufgabe hinfinden können.

Anmerkung 18:
In vielen seiner Texte bringt der zeitgenössische Geist- und Seelenforscher Heinz Grill immer wieder den spirituellen Grundgedanken zum Ausdruck, dass der Mensch durch das Erarbeiten und Durchtragen eines geistigen Ideals für die Welt, durch das z.B. eine Lösung für eine festgefahrene Situation ersonnen wird, eine geistige Wirklichkeit schaffen kann. Zugleich kann diese geistige Wirklichkeit durch die Kraft, einen solchen Lösungsgedanken gegen alle inneren Widerstände zu erarbeiten und durchzutragen, allmählich auch seelische, und zuletzt materielle Wirklichkeit werden. Diese Möglichkeit, von der Heinz Grill hier spricht, hängt im immanenten Sinne mit der eigentlichen Aufgabe des Deutschen als einem Vermittler zwischen Ost und West zusammen. Deutschland hat aber derzeit einen Weg eingeschlagen, der wie eine Art Selbstaufgabe darstellt. Einseitig und ohne jeden wirklich eigenständigen Erkenntnis- und Vermittlungsimpuls durchschaut es nicht die Traumen und die daraus resultierenden Machtansprüche des Westens und bedient damit ein Expansionsbestreben desselben, welches den Weltfrieden durch die Überschreitung der roten Linie massiv gefährdet. Gleichzeitig erkennt es seine eigene historische Verantwortung gegenüber einem von ihm traumatisierten Russland nicht, welches ihn einst unter hohen Opfern von dem Diktat des Faschismus befreit hat. Deutschlands eigentliche Aufgabe wäre tatsächlich nicht einseitig Partei zu ergreifen, sondern krafts einer weitreichenden Spiritualität, Denkkraft und Empathiefähigkeit einerseits seine eigenen Schwächen wie auch die Schwächen der beiden Seite Ost und West zu erkennen und zu berücksichtigen und andererseits die Potentiale des Ostens und des Westens geistig zu erkennen und zu fördern und damit das eigene Potential zum Leben zu bringen. Denn wie Heinz

Grill es zum Ausdruck bringt: *„Für einen weitreichenden Frieden dürften die Philosophen, die Deutschland hervorgebracht hat, wie Schopenhauer, Fichte und vor allem Hegel, aber auch die neueren, von denen Erich Fromm einer der bedeutungsvollsten ist, wiederentdeckt werden. Das Land, das geographisch in der Mitte Europas situiert ist, könnte durch seine Philosophie und seine Denkkraft den Frieden in der Welt förderlich und kreativ beeinflussen!"* *(Siehe Aufsatz vom 3.Dezember 2017 „Deutschland und Putin, die Stellung Deutschlands in Europa")*

Anmerkung 19:
Zur Frage nach dem PCR hier ein Auszug aus einem unveröffentlichten Interviewvorschlag meinerseits, welchen ich der Heidenheimer Lokalpresse zu kommen ließ:

Frage: In Ihrem Vortrag zweifeln Sie die Zuverlässigkeit des PCR Testes an. Geht diese Beurteilung nicht etwas über Ihre Kompetenz als Allgemeinarzt?

Edrich: Auch als Facharzt für Allgemeinmedizin kann man sich heute anhand von Quellen im Internet in solchen Dingen eine eigene Anschauung bilden. So habe ich früh herausgefunden, dass der PCR Test des Berliner Virologen Christian Drosten zum Zeitpunkt seiner Zulassung im Januar anhand von hypothetischen Virusmodellen vergangener SARS Epidemien konzipiert wurde und – laut Aussagen der Zulassungspapiere - über keine Daten des Genoms eines spezifische Wuhan Virus verfügte. Inzwischen stehe ich mit solchen Beobachtungen nicht mehr alleine: So ist ein Internationales Konsortium von Wissenschaftlern der Biowissenschaften (ICSLS) in einem umfassenden Prüfungsbericht zu dem Ergebnis gekommen, dass der von Drosten, Corman u.a. entwickelte PCR-Test, der angeblich die Infektion mit dem Corona-Virus SARS-CoV-2 feststellt, zahlreiche schwerwiegende wissenschaftliche Mängel auf molekularer und methodischer Ebene enthält. Dies bedeutet, dass der Test auch nach Einschätzung vieler Experten untauglich ist und sehr viele falsch-positive Ergebnisse produziert, die weltweit zu massenhaften Fehldiagnosen von Infektionen geführt haben und weiter führen, worauf aber ungeheure freiheitseinschränkende Maßnahmen der Regierungen beruhen. Sogar ein portugiesisches hohes Gericht kam kürzlich zu dem Ergebnis, dass die staatlich verordneten Quarantänemaßnahmen illegal seien, da nach expertengestützter Einschätzung dieses Gerichtes 97% aller positiven Testergebnisse falsch positiv seien.

Zum Lockdownthema: In vorgenommenen Nutzen-Schaden Analysen der weltweiten Lockdownmaßnahmen zeigen inzwischen sehr viele Studien, dass verheerende Auswirkungen derselben auf die Gesellschaftssysteme, einem wenn überhaupt sehr marginalen Nutzen gegenüberstehen.
https://sites.krieger.jhu.edu/iae/files/2022/01/A-Literature-Review-and-Meta-Analysis-of-the-Effects-of-Lockdowns-on-COVID-19-Mortality.pdf

Anmerkung 20:
s. dazu meine Videos „spirituelle Aspekte der Impfpflicht"
https://www.youtube.com/watch?v=MGgaQBfKScU
und: Ein anthroposophischer Arzt spricht über Corona und die impfung
https://www.youtube.com/watch?v=20inTkjy9dE

Anmerkung 21:
Der Geistesforscher Rudolf Steiner, der schon vor 100 Jahren die Krise der Gegenwartssituation in wesentlichen Aspekten vorhersah, wies immer wieder darauf hin, dass der Mensch die Zukunftsherausforderungen nur dann bewältigen könne, wenn er die Fähigkeit der reinen und freien Selbstbestimmung erüben und erlangen würde. Rudolf Steiners Grundgedanken zufolge kann der Mensch nur durch innere Schulung zu einer wirklich freien, selbstbestimmten und dadurch freudigen „Sittlichkeit" kommen und dadurch das sich immer weiter ausbreitende Prinzip der

Fremdbestimmung, welches zuletzt darauf zielt dem Menschen sein geistiges schöpferisches Wesen zu nehmen und ihn durch Emotionen zu steuern, überwinden. So schreibt er in seiner „Philosophie der Freiheit": „*Das höchste denkbare Sittlichkeitsprinzip ist aber das, welches ... aus dem Quell der reinen Intuition entspringt* (Anmerkung: mit Intuition ist hier die unmittelbare geistige Anschauung von einer Sache selbst gemeint) u*nd erst nachher die Beziehung zum Leben sucht.* "

Anmerkung 22:
Der Abstieg der Dunkelheit bis in das Innere des Menschen.
https://heinz-grill.de/2022-gedanke-geist-vernunft-prognose/

Anmerkung 23:
Einen Blick zu erlangen, in dem sich der persönlich subjektive Standpunkt zugunsten eines übergeordneten Standpunktes relativiert bzw. weitet für das Ganze, erfordert konsequentes geistiges Übung und eine große Disziplin im Umgang mit aufsteigenden Emotionen, die es hier zu überwinden gilt. Schließlich muss der Mensch lernen sich selber wie einen Fremden anzublicken. Nur dadurch kann er z.B. realisieren, was er gerade aus seiner persönlichen Enge heraus einem anderen Menschen oder gar einem anderen Volk anzutun im Begriff ist und seinen Blick mehr zu der Frage hinwenden, was es für dessen förderliche Entwicklung braucht. In seinem Buch „Wie erlangt man Erkenntnisse der höheren Welt" beschreibt Rudolf Steiner konkrete Übungen, wie dieser übergeordnete Standpunkt vom Menschen errungen werden kann.

Anmerkung 24:
Zum Umgang mit Urteilen empfiehlt Heinz Grill für die geistige Auseinandersetzung des einzelnen folgende Frage: *"Wie wirken falsche oder unbedachte Urteile in der Seele des Menschen? "*... Für die Konzentrationsbildung müsse der Übende hierzu „*konkrete Beispiele aus seiner persönlichen Erfahrung oder aus der Erfahrung anderer wählen*". Er wähle dafür „*ein typisches Beispiel eines*

schnellfertigen Urteils, das jemand macht und achte auf die Wirkungen und wie diese sich nach außen und rückwirkend zum eigenen Selbst gestalten. " (Heinz Grill Anregungen zur geistigen Auseinandersetzung und Meditation vom 8.Januar 2022)

Auch Rudolf Steiner äußert sich in seinem Werk „Wie erlangt man Erkenntnisse der höheren Welt" zu der Frage der Wirkungen von Urteilen und deutet an, dass jene den Menschen von seiner geistigen Schöpferkraft abschneiden:

Jeder Augenblick, in dem man sich hinsetzt, um gewahr zu werden in seinem Bewusstsein, was in einem steckt an abfälligen, richtenden, kritischen Urteilen über Welt und Leben: - jeder solche Augenblick bringt uns der höheren Erkenntnis näher. Und wir steigen rasch auf, wenn wir in solchen Augenblicken unser Bewusstsein nur erfüllen mit Gedanken, die uns mit Bewunderung, Achtung, Verehrung gegenüber Welt und Leben erfüllen.

Anmerkung 25:
Mit dem Begriff „astralischer Leib" ist hier die Summe all derjenigen seelischen Wirkungen gemeint, aus denen sich unser Bewusstsein bis in die tiefsten unbewussten Schichten hinein in Form von Kräften des Denkens, Fühlens und Wollens ergibt.
Das Zitat stammt aus einem Vortrag mit dem Titel:
„Was tut der Engel in unserem Astralleib?" Rudolf Steiner, Oktober 1918, GA 182

Anmerkung 26:
https://heinz-grill.de/immunsystem-seele

Anmerkung 27:
Siehe Text Seite 53, Goethe, Die Essenz der Verpflichtung

Anmerkung 28:

Ein sehr gutes Beispiel, wie aus dem Erarbeiten neuer Lebensideale eine Krankheit überwunden werden kann, ohne dass diese per se behandelt wird, stellt die Biographie des bekannten Arztes Edward Bach dar. Dieser erkrankte in recht jungen Jahren an einer schweren Krebserkrankung. Seine ärztlichen Kollegen gaben ihm nur noch eine kurze Lebensspanne als Prognose. Bach entschied sich diese Zeit intensiv zu nutzen sich endlich mit dem lange gehegten Plan die Wirkung seelisch-geistiger Bilder, wie sie mit bestimmten Pflanzen verbunden sind, auf die menschliche Seele und die menschliche Gesundheit zu erforschen. Tag und Nacht setzte er sich für dieses neue Lebensziel ein, welches er in der kurzen ihm noch verbleibenden Lebensspanne noch realisieren wollte. In der Folge dieser geistigen Arbeit kam der Tumor zur Ruhe und Edward Bach konnte seine neu begonnene Forschungsarbeit noch viele Jahre lang zum Segen der Menschheit fortsetzen. Seine Forschungen über die berühmten „Bachblüten", die in vielen Bereichen medizinische Anwendung finden und es zu einiger Bekanntheit gebracht haben, sind die Frucht dieses Strebens.

Inhaltsverzeichnis:

Impressum:

© 2022, Dr. med. Jens Edrich, Bergstrasse 5,89518 D-Heidenheim

E-mail: medpraxis@web.de

Herstellung und Verlag: BoD – Books on Demand, Norderstedt

ISBN: 9 7837 53 404622